「知の巨人」のその後

―世界は虚無《きょむ》だったか―

公開霊言

大川隆法
Ryuho Okawa

まえがき

ほぼ予想した通りの展開となった。

死後の立花隆氏の自己認識こそ、現代の学問やジャーナリズムの最も怖れ、かつ、反省しなければならない点であろう。

「知の巨人」が単なる「知の虚人《きょじん》」で、マスコミ各社の伝えるその「名誉」が単なる「虚妄《きょもう》」に過ぎないことが分かった時、最後に残るものは一体何だろう。

私の千二百回目の公開霊言《れいげん》・リーディングは、まさしく、現代の「知」の代表と思われていた人が、「無知」であることを暴露《ばくろ》することとなった。

現代人に伝えたいことは、「素直に信じなさい。」ということだ。ここ二～三千年で進化していたと信じていた人類は、思考が複雑化しすぎて、自分が何者であるかすら分からなくなったということだ。唯物論的科学実証主義こそ、別の意味の「不幸の科学」であり、「不毛《ふもう》の哲学」なのだ。

二〇二一年　六月二十五日

幸福《こうふく》の科学《かがく》グループ創始者兼総裁《そうししゃけんそうさい》　大川隆法《おおかわりゅうほう》

「知の巨人」のその後——世界は虚無だったか——　目次

「知の巨人《きょじん》」のその後 ―― 世界は虚無《きょむ》だったか ――

二〇二一年六月二十四日　収録
幸福の科学　特別説法堂《せっぽうどう》にて

「霊言現象《れいげんげんしょう》」とは、あの世の霊存在の言葉を語り下ろす現象のことをいう。これは高度な悟《さと》りを開いた者に特有のものであり、「霊媒現象《れいばいげんしょう》」（トランス状態になって意識を失い、霊が一方的にしゃべる現象）とは異なる。

なお、「霊言」は、あくまでも霊人《れいじん》の意見であり、幸福の科学グループとしての見解と矛盾《むじゅん》する内容を含《ふく》む場合がある点、付記しておきたい。

「知の巨人《きょじん》」のその後
――世界は虚無《きょむ》だったか――

二〇二一年六月二十四日　収録
幸福の科学　特別説法堂《せっぽうどう》にて

立花隆《たちばなたかし》（一九四〇～二〇二一）
評論家、ジャーナリスト、ノンフィクション作家。長崎《ながさき》県生まれ。一九六四年に東京大学仏文科卒業後、文藝春秋《ぶんげいしゅんじゅう》に入社し、「週刊文春」の記者となる。六六年に退社し、東京大学哲学《てつがく》科に学士入学。その後、ジャーナリストとして活躍《かつやく》し、八三年に菊池寛《きくちかん》賞、九八年に司馬遼太郎《しばりょうたろう》賞を受賞。著書に『田中角栄《たなかかくえい》研究』『脳死』『臨死体験』などがある。「ＮＨＫスペシャル 臨死体験 立花隆 思索《しさく》ドキュメント 死ぬとき心はどうなるのか」では、「臨死体験は脳の一部が見せている」などと紹《しょう》介《かい》した。

［質問者四名は、それぞれＡ・Ｂ・Ｃ・Ｄと表記］

1　立花隆《たちばなたかし》氏の訃報《ふほう》が報じられた翌日に霊言《れいげん》を収録する

『田中角栄《たなかかくえい》研究』などで渡部昇一《わたなべしょういち》氏と対立した立花隆氏

大川隆法　おはようございます。

質問者A　よろしくお願いいたします。

大川隆法　急で申し訳ありませんが、昨日《きのう》（二〇二一年六月二十三日）の夕方から、立花隆《たちばなたかし》さんが亡《な》くなられたというニュースが流れています。実際は四月三十日に亡くなられたそうなのですけれども、最近分かったということです。

もう二カ月弱たっていますので、四十九日《しじゅうくにち》を越《こ》えておりますから、ある程度の時間はたっているから、体験はなされているかと思います。もし昨日死んだのだったらたちょっと早いから、もうちょっと時間がたってから聞いたほうがいいのかなと思ったのですけれども、二カ月弱たっているから、多少の体験はもう済んで、四十九日を越えて、どこか行き場を決めなければいけないころにはなっていると思うのです。

二〇一四年に、立花隆さんの守護霊《しゅごれい》との話で、『本当に心は脳の作用か？』という本を出しました。立花さんはＮＨＫの特集などで臨死問題とか脳死問題とかをだいぶ取り上げて、本にも書いて売れたりしたこともあって、私も関心は持っていたのです。「これで、科学的にあの世の存在を立証できるのかな」と期待もしていたし、そういうふうに彼の本を読んだ人もいるのです。本を読んで、「これは臨死とかいっぱい書いてある。これは本当はあの世の世界を伝えたいのかな」というふうに読んだ人もいると思うのだけれども、結局、結論はそこまでは至らなかったようです。

本人としては、いろいろな説は紹介《しょうかい》しつつも、やはり、「脳のなかの物質、脳内物質が、死の間際《まぎわ》に麻酔《ますい》のように自分を麻痺《まひ》させて、いい気持ちにしている。脳内モルヒネみたいなものだ。お花畑を見たり、三途《さんず》の川を見たり、死んだ人に会ったりするのは、そういう麻薬効果みたいなもの

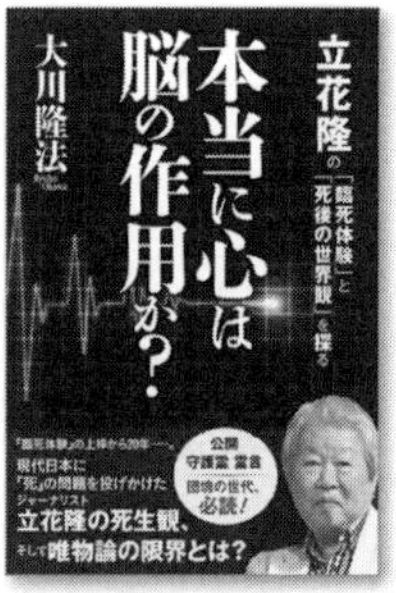

『本当に心は脳の作用か？』（幸福の科学出版刊）

であり、安楽死できるように人間の肉体というか頭脳ができているのだ」というあたりが本心であったようではあります。

（亡くなったことについては）いろいろと書かれています。新聞等も出ているし、週刊誌も追って出てくると思いますけれども。

有名になったのは、たぶん『日本共産党の研究』みたいなもので、ちょっと、共産党の内幕をだいぶ暴《あば》いたので、共産党のほうはたぶんこの人のことを〝ゴキブリ風〟に思っていただろうと推定します。明らかにしてほしくないことを書いてあったので。

そして、アンチかなと思ったら、そちらでも必ずしもなくて、『田中角栄《たなかかくえい》研究』のほうでまたこれ有名なのです。これは、三十六歳《さい》ぐらいだったと思います。

最初は、この人は東大の文Ⅱに入っています。東京の都立高校、上野《うえの》高校だったと思うのですが、そこを出て東大の文Ⅱに入っているのです。私より十五年ぐらい上の人なので、当時は文Ⅰ、文Ⅱ、文Ⅲではなく、文Ⅰと文Ⅱしかなかったらしいのですが、文Ⅱに入ってから、文学部のほうに進学され、仏文《ふつぶん》科かと思います。

それで文春に入られて二年ぐらい記者をやったけれども、もう一回、東大の哲学科《てつがく》に入り直しています。哲学科の学生をやりながら、やはりジャーナリストの活動をやり始めて、学業は途中《とちゅう》でやめてジャーナリズムに入ったようです。

田中角栄というと、ちょっと今の人は忘れているかもしれません。もう歴史になってしまいましたけれども、私は同時代人なのですが、要するに、お金の問題です。「総理大臣と金の問題」「政治家と金の問題」を大々的に取り上げたのが、これです。

今、「文春砲《ほう》」とか言っていますけれども、その前の段階です。「週刊文春」というよりは月刊「文藝春秋《ぶんげいしゅんじゅう》」のほうが多かったと思うのですけれども、〝立花部屋〟みたいなものまで文藝春秋の社屋のなかにあって、「資料をいっぱい運び込《こ》んで、チームを組んで、田中角栄を追い込む」ということをやっていました。「お金ではたいて総理になった男というのは許しがたい」ということです。

あと、渡部昇一《わたなべしょういち》先生が〝敵役〟で出てきて論争もやったのだけれども、渡部昇一先生のことは、「ゾンビみたいだ」という言い方で、「何回打ち倒《たお》したと思ってもまた起き上がって、同じことばかり言う」みたいな感じの批判の仕方をしていました。バカにしていると言えばバカにしているのです。

昇一先生のほうから見ると、「フェアではない」と。「立花さんのチームには、現職の検察官まで入って一緒《いっしょ》にやっている。角栄を有罪にするために、文春の編集部と検察庁の人間が一緒になってやっている。法律の専門家までなかに入って、有罪にするための〝あれ〟を、ジャーナリズムの意見のように書いているので、フェアではない言い方だ」というわけです。そして、「自分も専門ではないし、文学部だし、立花さんだって文学部系なんだから、専門じゃない。だから、もうこのへんでやめようか」みたいな感じで、（論争を）やめたかたちになったかと思います。幸福の科学の立宗《りっしゅう》よりちょっと前のことです。

立花さんも、「角栄の応援《おうえん》をする人もけっこういることはいる。たぶん人間的に好きなんだろう。好きな人が応援するというのも、気持ちは分からないことはないけれども」と言って、「総理と金の倫理《りんり》」というところで追及《ついきゅう》したが、奥《おく》には、でも、はっきり言って「学歴差別」はあったような気は私にはします。

昔は、高等小学校というのがありました。小学校を六年で卒業して、優秀《ゆうしゅう》な人はそのまま旧制中学に入るのですけれども、旧制中学も倍率が高くてなかなか入れませんので、その間の途中で二年ぐらい高等小学校というのがあったのです。旧制中学に入るための予備校みたいなものです。そういうのがあったのですけれども、この高等小学校卒というのが、田中角栄の最終学歴です。

そして土建屋の社長をやって、金を儲《もう》けて、それで政界に出てきたということですが、三十代で大臣になった方です。非常に早くなった方ですが、お金の力をここまで本格的に知っていたというのは、初めての政治家だったということです。

けれども、地元の人たちは、角栄さんへの感謝はなかなか強かったのです。新潟《にいがた》三区でしたが、冬の間は雪で本当に困っているところを、山をくり抜《ぬ》いて穴を開《あ》けてくれて、トンネルで東京方面に出られるようになったということへの感謝は強いので。私も当時は学生だったから朝日新聞をよく読んでいましたけれども、一面に新潟三区はもう非国民みたいな感じの記事をいっぱい書いてありました。「ここだけ日本ではない。新潟の田中角栄の選挙地盤《じばん》だけ、ここは日本人じゃない人たちが住んでいるところだ。これだけ言っているのにまだ分からないのか」という感じでした。

要するに、トップ当選するわけです。「いくら悪口を新聞で書いて、ニュースでやって、それから文春系で攻撃《こうげき》しても、それでもトップ当選してくる。何という、不死鳥みたいな男で、この愚民《ぐみん》め！」というような感じでしょうか。

地元民にとっては、現実にトンネルをつくったり道路をつくったりできる人は、ありがたい話ではありましょう。

これに比べて、そのあと、徳島県から三木武夫《みきたけお》という人が総理大臣になりましたが、この人は〝口だけ男〟で、理念だけはいいことを言うのだけれども何もしなくて、徳島県人の意見はというと、「角栄さんだったら、〝本四《ほんし》（本州四国）連絡橋〟を三本なんか架《か》けないで、まず淡路島《あわじしま》経由で徳島にズボーンと架け、もう新幹線ぐらい走っているはずや」と言っていました。たぶんそうなったでしょう。

三本架けることになったから、とうとう予算がなくなって、四国新幹線は走っていません。たぶん角栄さんが徳島発だったら、おそらく紫央《しお》総裁補佐《ほさ》がいた町のほう、吉野川《よしのがわ》の北岸を新幹線が通っていて、向こうのほうが高級地になっているはずですが、そういうこともなく終わってしまいましたので、政治家の判定をどうするかは難しいところはあると思うのです。

現代で「知の巨人《きょじん》」と称《しょう》される人に対する疑問

大川隆法　（立花氏について）「知の巨人《きょじん》」などと、もう堂々とニュースで書かれているので、渡部昇一先生もそういうふうにいわれることもあったと思うのですけれども、やはり、上智大《じょうちだい》というのを〝見下していた感じ〟ははっきりあるなと思います。

これは、今、東大の卒業生たちの問題でもあるのですけれども、偏差値《へんさち》で人間の上下を考えているようなところがだいぶあるのです。ちょっとこのへんは、刷り込みがそうとう激しいので、抜けないところはあります。

だから、私に対して、もうちょっと批判してもいいはずなのだけれども、「文学部卒なので、法学部卒は批判できない」ということで、私の悪口を全然書かなかったのです。書いてもいいのになあと思うのですが。

哲学科にも行ったから、哲学や宗教の本は読んでいるはずです。情報としての本は読んでいるはずなので批判してもいいと思うのに、批判はしなかったので、「これは学歴信仰《しんこう》のおかげで、まあ、ありがたいこともあるものだなあ」と思って、「もう本当にありがとうございます」というところです。

私がもし、この人みたいな思考回路で仕事の仕方をしていたら、大川隆法のどこを叩《たた》いてやろうかと思って研究して書くでしょうけれども、とうとうそれはなかったですし、(『本当に心は脳の作用か?』を手に取って)こういう守護霊本を出しても、反論は何も来ませんでした。だから、本当に「学歴刷り込み型」なんだと思いました。

それから、今も、「知の巨人」と称《しょう》して現役《げんえき》で生きている人もいますけれども、「知識の集積とか、情報を集めることや分析《ぶんせき》が〝知〟だ」という考え方に対しては私も疑問はあります。〝複雑系〟になりすぎて、結局、本質が分からなくなっていく傾向《けいこう》があるのです。真理は単純なところにあるのだけれども、その「単純さ」が、複雑な思考をすることで分からなくなってくるのです。その人の言っていることも分からないけれども、「結論」が見えなくなる。そういうところはあると思うのです。

だから、直観的にスパッと見える頭のよさというのがあると思うのです。

立花さんの仕事の仕方を見ると、〝警察の鑑識《かんしき》〟みたいな感じです。「いろいろな物証をいっぱい集めて、徘徊《はいかい》して、追い込んでいって、する」というかたちで、証拠《しょうこ》が挙がらなければ立件できないという感じに見えるのです。

しかし、最近霊言《れいげん》も録《と》りました田村正和《たむらまさかず》さんの演じた「古畑任三郎《ふるはたにんざぶろう》」的に早くピッと「これが犯人だ」と気がつくような、「ひらめきの頭」も私は大事だと思うのです。これはやはり「知性」だけではなく「悟性《ごせい》」のほうだと思うのですが、これが狂《くる》う人は、何をやっても駄目《だめ》は駄目です。経営者をやろうが、政治家をやろうが、学者をやろうが、科学者をやろうが、その「ひらめき」が当たらない人は、やはり駄目なのではないかと思うのです。いくら時間をかけて勉強したり研究したりしても、駄目なのではないかというふうに思います。

ということで、「臨死」や「脳死」について書いて、結局、脳の作用にして、「死んだあとは分からない」というふうに考えて、自分の葬式《そうしき》も、「樹木葬」というかたちにしたそうです。

まあ、それは別に構わないのです。仏教のほうでも、ゾロアスター教風に死体を鳥とかにつつかせたりするような人もいるぐらいで、「死んだあとの体に用はない」という考えはあることはあるので、別に構わないのですけれども。ただ、ご両親がキリスト教徒だったということから見れば、ご両親も説得しかねているような状態かなというふうには思います。

おそらくこの立場、考え方は、いろいろなジャンルに入って、共産党から田中角栄、人体の問題やコンピュータの問題まで、いろいろなものに斬《き》り込んでいますので、おそらく本人としては、「ソクラテス的立場」を取っているつもりでいたのではないかと思うのです。「白紙に戻《もど》して全部疑ってかかって、反論していく」みたいな、自分ではそんな感じに思っていたのではないかなというふうには思います。

守護霊霊言の『本当に心は脳の作用か？』という私の本に、だいぶ私の説明も書いてありますので、できましたら、こちらも併《あわ》せて読んでいただきたいと思います。守護霊の意見と、今回の死んだあとの本人の意見――まあ、守護霊よりも霊的であるとは思えないのですけれども、これを読んでいただきたいと思います。

この本は、ＮＨＫスペシャルで「臨死体験」の立花隆の回があったあと、出したものですけれども、（まえがきには）「残念ながら現代の宗教学者や仏教学者にも、エポケー（判断中止）を前提に学問をやっている者が多い。紙の上の活字やデータ分析だけで学問を作り上げようとしているのである。戦後の学問の最大の失敗といってよい。ここを改善しないで『教育改革』などは虚《むな》しいと言わざるをえまい。」と書いてあります。

私が今言いたいことも、これです。このあと、翌月ぐらいに文科省から（幸福の科学大学）の不認可の通知もあったと思います。その言い訳はいろいろあるのだろうけれども、要するに、最後の言い訳は、「霊言集を出しているから学問ではない」というようなことでした。これは、大学の設立の申請《しんせい》には何にも書かれていないことであり、文科省は実際上、書面上の判断をしなければいけないのですが、書いていないことを理由にして不認可にしたのです。「霊言集があるから、学問ではない。だから、不認可」と。

このように、「霊的なもの、スピリチュアルなものは学問的ではない」みたいな考え方がけっこう浸透《しんとう》しています。だから、哲学科や宗教学科、仏教学科等も、例えば、東大の宗教学科や哲学科や仏教学科の教授をやっていても、最初の開口一番、「私は神を信じています」とか、「仏を信じています」とか、「私も信仰者です」みたいな感じで始める方は、想像するには、まずいないだろうと思います。「どちらか分からない」という感じで、「学問上は、このお経《きょう》ではこう書かれているが、これはどこそこの地層から出てきたもので、こちらのほうがさらに古くて、こちらのほうを信用するとすれば、こちらは間違《まちが》いで……」みたいな、そういう議論はやっているだろうと推定いたします。

だから、「学問に間違いがある」「戦後の間違いがある」ということで、これは実は大きな戦いなのです。一つの学校が認可されるかどうかなどという問題ではなくて、「人間が死んだらどうなるかということが、真か偽《ぎ》か」「死んでも命があるかないか」ということは、人間が人生を生きる上においてはものすごく大事なことであり、死後の世界があるならば、人間の生き方は変わってくるのです。「ない」なら、この世で、まあ、できるだけ彼らにとっての有意義な生き方をしなければ、損でしょうね。

そういうこともあるとは思うので、これは譲《ゆず》れない部分です。どうしても譲れないというか、いかに脳外科が発達して、「脳の機能として、ここに電気刺激《しげき》を与《あた》えたらどこそこが動く」とか、「どういうことを思い浮《う》かべる」とかいうことをいくら調べても、それは魂《たましい》の探究にはなっていないということです。ここのところの限界はあると思いますので、これから先は私のほうの仕事かと思っております。

立花隆氏の霊《れい》は死後どこにいたのか

大川隆法　さあ、（立花氏の霊《れい》は）昨日からいて、ウロウロしているのだけれども、一言《ひとこと》もしゃべらないのです。完璧《かんぺき》な沈黙《ちんもく》で、（質問者の）Cさんご推奨《すいしょう》の〝聖黙行《しょうもくぎょう》〟で、何にも言わないのですよ。黙《だま》っているけれども、いるのは分かるのです。いるけれども、黙っているのです。言葉にならないのだと思うのです。その、言葉にならない彼の沈黙を、今日、言葉にしていただきたいのです。

だから、（質問者は）この世的にちょっと意見を言える方と、本づくり系で意見を言いたい方と、いちおう〝宗教的な人〟も一人出してくださいと言ったらCさんが呼ばれたので、今日はお呼びしています。

学歴主義者の立花さんに申し上げるとしたら、（C氏は）いちおう京大の理学部を卒業なされまして、環境庁《かんきょうちょう》（現・環境省）にお勤めになられ、今流行《はや》りの環境問題の走りで、水質検査とかその他、いろいろな環境汚染《おせん》の問題等に頭を痛めて研究されていた。研究するまで行っていないかもしれないけれども、調査をされていた方なので、そういう考え方を知らないわけではない方が、今日は宗教者として来ております。

Bさんも、立花さんと同じように東大文Ⅱに入られ、あとは経済学部から通産省に入られて、通産官僚《かんりょう》を九年ぐらいはされてから幸福の科学に来た方であります。まだ当時は通産省がなくなる前ではあったので、インタビューに来たジャーナリストたちなどは、「ああ、君、もったいないことするなあ」とかいうことを何か言っていたようには聞いております。

（通産省は）今は経済産業省ですけれども。役所のほうも、今、東大生の合格者数も半分ぐらいまで減っているそうで、もう人気がなくなって、みんなほかのところに散り始めているので。さすがに、前の民主党政権があって、安倍《あべ》政権があって、菅《すが》政権が続いたら、「もう、お仕えするのはどうもたまらん」と思い出したか、みんな、もうちょっと収入もよくて、自由なところのほうに逃《に》げ出して、減っていっているようではあります。

Aさんは過去世《かこぜ》で「知の巨人」という噂《うわさ》のある方ではあるのですけれども、本好きの方々を生み出す源流になった可能性がある方です。まあ、真偽《しんぎ》のほどはよく分からないのですけれども、語学がやはり苦手《にがて》というところは同じような感じではあるのですが、本を読むのは大好きな方だろうと思います。東京藝大の大学院を出て、油絵か何かで「藝大に残らないか」とか言われていたような人なのに、それをやめて、本当に初期に当会に出家《しゅっけ》された方の一人であります。

こういう人たちの質問を受けたいと思っております。

私も本好きのほうなので、立花さんも本をいっぱい買って、集めて読んで、それで「知の巨人」とかいわれていますけれども、生き方としては分からないことはないというか、私のスタイルとそんなに大きく変わるわけではありません。

ただ、結局、「資料」「材料」「情報」としてそれを使っているというか、彼の本を読んでも分厚《ぶあつ》い本が多いのですけれども、要するに、〝材料〟として集めて使って書いているということです。

私のほうは、もちろん、知識としての吸収もしていますけれども、やはり、その奥にあるものをずっといつも探《さぐ》っているというか、「人類が遺《のこ》した智慧《ちえ》の部分は学ばなければいけない」と思いつつも、常に「その奥にあるものを探そう」という態度でやってきました。

まあ、私自身も彼以上の蔵書を持っているぐらいの本好き人間であり、本好きの人は本好きの人をあまり批判してはいけないことになっているので、そんなに言いたくはないのだけれども、「学者バカ」という言葉もあるので、本だけ読んでいて世間《せけん》のことが分からないとか、本当のことが分からないというのは悲しいというふうに思っております。

これに引き比べて、渡部昇一先生（の霊）とかは、ときどき来てくれては、援護してくれたりもするので、ありがたいなあというふうに思っております。

立花隆氏を招霊《しょうれい》し、死後の心の内について訊《き》く

大川隆法　では、聞いてみますね。どんなかたちで〝無言の人〟をしゃべらせるかは知りませんが、よろしくお願いします。

それでは、二カ月弱前に亡くなられました立花隆さん。本人が信じていないかもしれないが、霊《れい》と言ったら信じないかもしれないけれども、ご本人様をお呼びいたしまして、霊言したいと思います。

どうぞ、もう当会の本も十分に読んでおられると思いますから、一定の立場としては理解されているとは思いますけれども、「学問する者は知的に正直でなければいけない」と、私は思っております。

だから、今、樹木葬をしたあと、あなたが本当に虚無《きょむ》になって、まったくの何もない空《くう》であり無であるなら、何も言えないと思いますが、私は、「霊的に存在している」と感じています。だから、本当のことを伝えてください。

そして、世の、後世の人たちを間違わせないために、もし良心があるなら、自分が

見たもの、感じたもの、今考えていることをお伝えくだされば幸いかと思います。

立花隆の霊よ、立花隆の霊よ。

どうぞ幸福の科学 特別説法堂《せっぽうどう》に降りたまいて、その心の内を明かしたまえ。お願いします。

（約十秒間の沈黙）

2　自身が死んだ自覚はあるのか

生前の考えとそっくりの主張をする立花隆氏

立花隆　うーん……。

質問者A　立花隆様でいらっしゃいますでしょうか。

立花隆　うーん、そんなものは、いるはずがない。

質問者A　いえいえ、いやいやいやいや。立花隆様は、日本を代表するジャーナリストで、ノンフィクション作家であり、さまざまなご本、著作を出されまして、日本に本当に大きな影響《えいきょう》を与《あた》えられました。

ただ、生きている間には、糖尿病《とうにょうびょう》だとか、心臓病だとか、膀胱《ぼうこう》ガン、あとは高血圧というのもあったと思います。

立花隆　あんた、医者か?

質問者A　いや(笑)、痛風《つうふう》もあったでしょうか。さまざまな病《やまい》でお体の具合が悪く、お苦しみになったようでございます。

立花隆　うーん。

質問者A　非常にお苦しみになったというふうには聞いておりますが、痛みも嫌《いや》だということで、回復するための病院をやめて、痛みのないほうで暮らしたいと申し入れされ、病院を変えられました。そして、今に至っておられます。

立花隆　チッ(舌打ち)。私を〝解剖《かいぼう》〟しようとしてるのか。

質問者A　いえいえ。とんでもないことです。

今、ここでお話しになっています立花隆さんの「思い」というものを、ぜひ勉強させていただきたいと思いまして。

立花隆　いや、これは「迷い」かもしらん。

だから、立花隆っていう存在があるかのように「迷い」がまだ私の心のなかに残っておったのかもしらん。いろんなものを、余計なものを読んだために、この、宗教とかなあ、そういうものを読んだために、「もしかしたらあの世にあるんじゃないかな」みたいな、「あの世があるんじゃないか」っていうような、こう、かすかな、この何て言うかな、幻惑《げんわく》がこの脳のなかに残っておったのかもしらんなあ……。

質問者A　いや、ただ、今お話をされていましたけれども、そのお言葉からは立花隆様の「個性」というものをとても感じるのですが。

立花隆　うーん。

質問者A　ご生前は、「心は脳の作用であり、脳内モルヒネ、脳内物質によって、死ぬ直前にそういうものが見える。そして、死んだら心もなくなっていく」といった主張をなされていたようにも思うのですけれども。今、そうは言っても、「一人の個としていらっしゃる」と思いますけど。

立花隆　いや、それは、だから、この大川隆法の脳が反応して、今しゃべっとるだけなんじゃないのかな？　うーん。

質問者A　あっ、ご本人は、「本人じゃない」と。

立花隆　何か、脳、脳、脳を使ってるから、しゃべれてるんだよ、うーん。だから、まあ、死んだのかもしらんが、やっぱり何か〝電気的なもの〟が少しだけ残っていて、それがこう、大川隆法の脳を刺激《しげき》すると、何か言葉になって出るんじゃないかな。

質問者B　今、途中《とちゅう》で、言葉巧《たく》みに変えられて、最初は「脳を使って」というのを、「脳を刺激して」という表現に変えられたのですけれども。

立花隆　ああ。

質問者B 「脳を使って」というのは、これは要するに、「意志があった」ということを今おっしゃったのですよね？　だから、「意志」としてあなたは今存在しているということなんですけれども。

なぜ、それをお訊《き》きしているかといいますと、冒頭《ぼうとう》、大川隆法総裁のほうから、「いちおう知的巨人《きょじん》であられたのであれば、知的に正直であってほしい」というお話もありましたので、ぜひ正直に。

私、今、お話を聞いていて、自分が意志として存在しているというのは哲学的《てつがく》に理解されているというふうに見えましたので、そのことに関してはどうでしょう？「意志がある」ということに対して、今、自分では。

立花隆　チッ（舌打ち）。君、本当に東大出てるのか。

質問者B　ええ。

立花隆　東大出てるのか。

質問者B　はい。

立花隆　通産省ってのは本当か。

質問者B　はい。

立花隆　ふーん。じゃあ、バカじゃねえな。バカじゃない。なんで宗教入るのよ。なんで宗教なんか入る。うん？

質問者B　私に対する質問というよりは、今日は私が立花さんに質問させていただく趣旨《しゅし》ですので。

立花隆　いや、〝私は存在してない〞から、それは訊いてもしょうがない。

質問者B　いやいや、だから、ごまかさずにですねえ……。

立花隆　存在しちゃいけない、これねえ。

今、死の瞬間《しゅんかん》の幻影《げんえい》を見ているところ？

立花隆　いや、大川隆法の脳にねえ、いろんな蓄積《ちくせき》があって、〝立花隆部分〟が脳の一部にあるんですよ。それが何かの、ちょっと電気的刺激を、こう受けるとね？　〝立花隆〟が出てくるんだよ。

質問者B　ええ。ただ、電気的刺激にしては、非常に内容があって、理路整然《りろせいぜん》としていて、ちゃんと身振《みぶ》り手振りまでついてましして、これを普通《ふつう》、ロボット……。

立花隆　だから、これはね、条件反射。カエルでもね、カエルでも、こう、筋肉が収縮するんだよ。

質問者B　いえ、今のロボットとかＡＩで、これだけの技術というのはございませんので、これは技術的には不可能なんですね。

立花隆　うーん、いやあ……。

質問者B　人間的な存在が「意志」を発揮しないと、これだけの全身および言葉、表情、表現というのはできませんので。やはり、「意志を持っている」ということは自分で自覚しておられる。

立花隆　いや、最近、ロボットだって、会場案内とかするじゃないか。こう、ロボットの女の子みたいなのが出てきて、「はい、二階は何々でございます。三階は何々でございます」とか言ってるじゃない。オリンピックでも使うんだろう、きっと。

質問者B　ご自身で、今、〝案内ロボットのまね〟をされていて、ご自身でちょっと恥《は》ずかしくないですか。

立花隆　いや、これはね、だから、私であって私でないんだよ。だからね、いや、「大川隆法であって大川隆法でない」っていう有名な言葉があったけども、この大川隆法の記憶《きおく》のね？　〝頭の図書館〟のなかから、「立花隆」のところ、ボタンを押《お》せば、それが出てきて、ロボットがしゃべるんだよ。

質問者B　ええ。そのわりには、お亡《な》くなりになったのは、実は四月三十日だったということで、約五十四、五日？　ずっとたってきていて。この五十日余りの間、さまざまな経験をされてきたと思うのですが。

立花隆　いやあ……。

質問者B　それは、〝大川総裁の肉体に入っていないなかでの経験〟であったわけですよね。

立花隆　いや、いやあねえ、そういうねえ、幻影《げんえい》っていうか、幻《まぼろし》のようなものがあるけどね、これは「全部、迷い」だと思ってねえ、一蹴《いっしゅう》せにゃいかんと思って、一生《いっしょう》懸命《けんめい》、拒否《きょひ》してるんだよ、うーん。

質問者Ａ　その〝迷いのような映像〟が、五十数日の間、四月三十日から現在に至るまで、大川隆法総裁のおそばに来られる前の間に、本当にいろいろな幻惑や幻影のようなものが見えたと思うのですが、どのようなもののお姿が見えましたか。

立花隆　だから、あれだと思うんだよ、そのねえ、芥川龍之介《あくたがわりゅうのすけ》の『杜子春《とししゅん》』。

質問者Ａ　芥川龍之介の『杜子春』。

立花隆　なあ？　仙人《せんにん》に連れられて峨眉山《がびさん》に行ったけどさあ、「一言《ひとこと》も声を出すな」と言って、待っていたところが、こう、いろんなものが、魔物《まもの》が襲《おそ》ってきて、最後は畜生道《ちくしょうどう》に堕《お》ちたさあ、お父さんお母さんが、人間の顔をして体は馬か何かでねえ？　もう、そんなになって、「何も言わなくてもいいよ」と言われて、とうとう言ってしまって、「お母さん」とか何か叫《さけ》んじゃって、そしてもとの洛陽《らくよう》の都《みやこ》に戻《もど》っていった、というのがあったじゃない。

そういうふうに、やっぱりね、人はね、幻想を見ることがあるんだ。わしはもしかしたら死んでないのかもしれない。死ぬ間際《まぎわ》のところに、その何？　幻影を見せられてるのかもしれないから。

質問者A　何か自分を襲ってくるものとか、先ほど言った怪物《かいぶつ》みたいなものとか、いろいろなものがあるというのはあるのですけれども、何かそういうものは見えましたか。何か地獄《じごく》的な風景といったものは……。

立花隆　うーん、だから、これ、全部否定せにゃいかんと思って、「一切皆空《いっさいかいくう》、一切皆空」って言ってるんだよ、うん。

質問者A　「一切皆空」って、仏教的な用語の、ですか。

立花隆　そりゃ、そうだね。そのくらい知識的には知ってますよ、うーん。一切皆空、哲学的には「一切無」ですよ、うーん。

質問者A　それは、この五十四、五日間、ずっと「一切皆空」だけでいるのですか。

立花隆　うん、「あってはならないもの」を、「見てはならないもの」を見てはいけないんで。「見てはいけない」って、こう見て、幻影……。

質問者B　科学的に、例えば、その「幻影」という前提でも結構ですので、具体的に、どんなものを見たりとか言ったりとか、具体的にちょっと教えてもらえませんか。

立花隆　いや、それは幻影だから、言ったって……。

質問者B　いえいえ。別に、幻影という前提を立てても結構ですので。

立花隆　いや、もしかしたらさあ、治療《ちりょう》を拒否したのにさあ、なんか、最後、モルヒネみたいなものを盛られて、何か「幻影」を今見てるんじゃないのかなあ。

質問者B　いや、今お尋《たず》ねしているのは……。

立花隆　ここは、本当に恐怖《きょうふ》の幻影で、〝閻魔庁《えんまちょう》〟か何かの幻影を見てるような。

質問者B　閻魔庁かどうかは、あとでまたお話しさせていただきたいのですけれども。大川総裁の肉体に入る前に見ておられた、その〝幻影なるもの〟は、例えば、どんなものをご覧になられていたかというのを、ちょっと教えていただけますか。

立花隆　昨日《きのう》から、こーんな所、来たことない。「猫《ねこ》ビル」よりだいぶ大きいなあ、なんか、うーん。猫ビル……。

質問者A　あなたが建てられた「猫の顔が壁《かべ》に大きく描《えが》かれた猫ビル」からはもうすでに出られています。今は、こちらに来たのですよね。

立花隆　猫ビルは、私、あんな狭《せま》い所で我慢《がまん》して、本を一生懸命積んどったのに、こんなに、贅沢《ぜいたく》に本がいっぱい並べてあるのを見て、これはちょっとうらやましいというか……。

質問者A　ああ、大川隆法総裁先生をうらやましいと思ったんですか。

立花隆　ああ。

3　なぜ幸福の科学を訪《おとず》れたのか

霊《れい》になってから大川隆法の蔵書を見て驚《おどろ》いたこと

質問者B　では、いわゆる書庫をご覧になられたんですね、やはり興味があったから。

立花隆　いやあ、あんなね、開架式《かいかしき》でねえ、開架式であれだけの本を並べられるって、こんな贅沢《ぜいたく》が現代にできるっていうことはありえないことですよ。

質問者B　はい。ちなみに、直感的に、立花さんが持っておられた蔵書のだいたい何倍ぐらいというイメージでご覧になったでしょうか。

立花隆　猫《ねこ》ビルは十坪《つぼ》ぐらいか何かぐらいで長かった、縦長で。

質問者A　細長いビルで。

立花隆　もう、本の間で本当に仮眠《かみん》を取るっていうような感じだったから。ああ、秘書だって一人入《はい》れるかどうかっていうぐらいだったんで。いやあ……、狭《せま》い所にいると本が多く見えるんですよね。

質問者B　ええ。

立花隆　広い所を見たら、そう多くは見えないが。で、一種の図書館のような感じだから、うーん。

質問者B　どのくらいですか。

立花隆　まあ、私のよりは多いような気は……、ちょっとしますねえ。

質問者B　ええ。実は、ここに入っているのは、全体のうちのごく一部なんですね。

立花隆　ああ、そうなんですか。

質問者B　ですから、ほかにも書庫はありますので。

立花隆　だから、やっぱり、「宗教」ったって嘘《うそ》じゃないか。

質問者B　いやいや。

立花隆　やっぱり本を使って書いてるんじゃないか。

質問者B　いやいや、何を申し上げているかといいますと、いちおう、「知の巨人《きょじん》」で、いろいろな読んでいる知識の情報量とか、そういった部分に関して、客観的にご自身で、「ああ、どうも大川隆法総裁のほうがはるかに上を行っているらしいな」ということは、たぶん認識をされたと思うので。その立場から総裁がいろいろとおっしゃっていること、本であるとか、そのことに関してどう思うのかとか、正直にご意見をお聞かせいただきたいと。

質問者A　そうですね。ぜひ本と知的生産のご意見を伺《うかが》いたいと思います。

立花隆　やっぱりそれはねえ、いやあ、宗教家が、そんな、本、蔵書をいっぱい持ってるなんて宗教家はねえ、信じられないですね。やっぱり、宗教家は、乞食《こつじき》をしながら、道を歩いて歩いて歩いて、考え、考えて、材料無《な》くして言わなきゃいけない。

質問者B　いや、それはちょっと仏教に対する本質的な理解の不足で、万巻《まんがん》の八万四千《はちまんしせん》の法門《ほうもん》を覚えるところから始まるのが、まあ、仏教修行《しゅぎょう》だったわけですから、それはちょっと、やはり……。ですから、仏教そのものがね、東洋の学問の、いわば発祥点《はっしょうてん》にあるわけですので。

立花隆　うーん。君、よくしゃべるねえ。

質問者B　それで、申し上げていることは、あれだけの万巻の書を読んだ宗教家というものに関して、正直、どう思われたかということです。

質問者A　大川隆法総裁への感想ですよね。

立花隆　うーん、いやあねえ、それは、立場は一切《いっさい》無視して、透明《とうめい》に見るとしたら、いやあ、「頭はいい」とは思うよ、やっぱり、それはねえ。うん、いや、あれだけ読んだら、〝頭、破裂《はれつ》する〟から、普通《ふつう》ねえ。それで〝破裂しない〟っていうのは、やっぱり、すごい。すごいか、もう池田大作《いけだだいさく》を超《こ》えるような大嘘つきか、どっちかだろうねえ、うーん。

質問者B　それで、自分であれば頭が破裂するような万巻の書を読みつつ、私もある種、こういう関連の仕事をしていますので、よく分かるのですけれども、私の見立てでは、立花さんは間違《まちが》いなく大川総裁の書籍《しょせき》を徹底《てってい》研究されていたと思うのですね。

立花隆　うん、まあ、読んでますよ。それは読んでる。

質問者B　かなり徹底研究されていると。

立花隆　読んでるけど、まあ、あれは、〝客観的に読んでる〟んで。

質問者B　ええ。「実はそうとうの量を読んでいるだろうな」という。

立花隆　洗脳されないように、注意しながら読んだよ。

質問者B　あれだけの何百冊を、たぶん、実はかなりのところ読んでおられるというふうに見ましたので。

立花隆　そうだよ。うーん。だから、〝情報〟としては知ってるよ、うん。

質問者B　知っておられるわけですよね。

立花隆　情報としてはね。

質問者B　そうすると、一冊一冊の書籍に関して、あれだけのポイントが、つまり〝売りになるポイント〟が、書籍として見ても〝入り続けている〟ということに関しては、どういうふうに思われたわけですか。

立花隆　いや、私のことを、まあ、研究してくれてるということはありがたいことではあるけどね。「こんなことをする必要ないのに、してる」っていうことはありがたいけど、でも、まあ、こちらもうまく使われてる可能性もあるからさあ、うーん。立花隆の名を使って、何かを考えてる可能性も、ないとは言えないから。

質問者B　いえいえ。それはたまたま立花さんお一人だったのですけれども、こういう研究が、何百人、実は表に出ていないものを含《ふく》めると何千人というふうに、同じレベルでずっとされているわけですが、もし、立花さんだったらできるかどうかということを考えたときに……。

立花隆　うーん、まあ、「田中角栄《たなかかくえい》研究」をしたときぐらいのチームがついてれば、このくらい出し続ける可能性はあるかもしれないけどねえ。

質問者A　大川隆法総裁先生は、二千八百五十冊を超えて、今、お一人で著書を出されておりますけれども。

立花隆　そんなの、君ねえ、そんなのねえ、もう、知の世界にバブルを持ち込《こ》むなよ。

質問者A　いえ、すべてが違う分野で、同じことを繰《く》り返さずに、まったく違うものを霊的《れいてき》に取材したり、思想を出されたりとか、されておりますけれども。

立花隆　いやあ、それは、私も志《こころざし》においては一緒《いっしょ》だから、否定するつもりはないけどもさあ、なんか、ちょっと、金儲《かねもう》けがうますぎない？　いや、書いても書いても労力ばっかかりで、そんなには儲からない。資料代のほうが高くてね。本代とかのほうが高くて、儲かるほうは少ないからさ。そんなにねえ、秘書一人を雇《やと》うんでも大変だよ、ほんと。ほんとに。

質問者B　その点に関しては、司馬遼太郎《しばりょうたろう》さんとか、いろいろな関係者がおっしゃっていたのですけれども、先行する、その〝先行投資〟に当たる部分が、実はそうとう分厚くあって、それで初めてできている部分なのです。

立花隆　あぁー。

質問者B　これは、たぶん、ご理解いただけると思うのです。

立花隆　まあ、まあ、それは分かってる。まったく何もなしに言ってるわけではないことは分かる。

質問者B　ええ。ですから、客観的に計算すると、その〝先行投資〟が、おそらく立花さんの十倍とか百倍とか、あるいは千倍あると、あれだけの書籍が出てくるわけですが。

立花隆　いや、いや、それは、頭はいいし、その頭のよさにねえ、何か、「立花隆と田中角栄を足したような頭のよさ」があるらしいっていうことは分かる。金《かね》も……、「錬金術《れんきんじゅつ》」も持っている。だから、「学者的な頭のよさ」と「錬金術」と、両方持ってるから、私と田中角栄を合わしたような。

質問者B　いや、ただ、今のお言葉に、ちょっとごまかしがあると思うのですけれども、「錬金術」という言葉に置き換《か》えられましたが、要は、「世の中が何を求めているかというニーズを捉《とら》えるセンスが非常にある」ということであり、たぶん、これは、あれだけのベストセラーを出された立花さんであれば、私のほうから見ていますと、そういうマーケティングをされているように見えますので、ご自身もその力は使っておられたと思うのです。そういった意味では……。

立花隆　だけど、そんなに、金はそんなにない（笑）。まあ、一時期儲かったときもあるけどね。売れたときだけな。あと、続かないからね。ほんと……。

質問者B　続かない方と続いた方の……。

立花隆　体力がどんどん落ちてくるしさあ。だから、大学の先生なんかもちょっと引き受けたりして、やっぱり、固定給をもらわないと、ちょっと危ないところもあったんで。

前日から大川隆法のところに来ている理由を訊《き》く

質問者B　では、もう一点お訊《き》きしてよろしいですか。なぜ、夕べから大川総裁のところに来られたのでしょう。

立花隆　うーん、まあ、その、何て言うかなあ、うーん……。『無門関《むもんかん》』だな、うん。「無の公案《こうあん》」を透過《とうか》しようとして、今、頑張《がんば》ってるよ。「無とは何ぞや」っていうことを考えてる。

質問者A　今、苦しいのですか。

立花隆　え？　え？

質問者A　今、苦しいですか。痛いですか、体は。

立花隆　いやあ、君はいったい何を言っているんだ。

質問者A　いえいえ、何かを求めて、「無」を求めて来たと言っていましたが。

立花隆　〝私は存在しない〟んだから、「存在しないものが、存在しないことをどうやって証明できるか」ということを、今、考えてるんです。

質問者A　あっ、「自分が存在しないことを証明したくて来た」ということですか？

立花隆　そうそう。

質問者A　なるほど。

立花隆　「存在しないものが、自分は存在してない」っていうことを証明するためには、「どうしたらそれが証明できるか」を、今、考えて……。

質問者B　いや、いや、ちょっと話を戻《もど》させていただきますと、『無門関』を参究《さんきゅう》されるのは結構なのですけれども、それをするために、なぜ、大川隆法総裁のところに来られたのでしょう。

立花隆　だから、本なんか出してくれてるからさあ。いや、昨日《きのう》、ニュースがいっぱい流れたよな。

質問者A・B　はい。

立花隆　だから、それは、何となく分かる。

質問者A　テレビは観《み》ました？

立花隆　うん、いろんな人がいろんな念波《ねんぱ》を送ってくるからさあ。

質問者A　ああ、念波が来る。

立花隆　あっ、それでね、いったん、私はほとんど消えかかっていたロウソクの炎《ほのお》みたいだったのが、全国から念波を、油を注がれて、グワーッとまたもう一回火が燃え上がって、そして、大川隆法さんの、この脳内の〝立花隆ボタン〟を押《お》したために、そこからバーッと立花隆が、今、現れてきたんじゃないかなあ。

質問者B　ちょっとよろしいですか。

立花隆　うん。

質問者B　今、一連のおっしゃったことを、もし、ご生前だったら、書籍にされます?

立花隆　しない。

質問者B　しないでしょう？（笑）

立花隆　うん。

質問者B　ですから、ちょっと、〝与太話《よたばなし》〟と言ったら申し訳ないのですけれども、そういう議論は脇《わき》に置いて、やはり、人間というのは、電気的作用でも結構なのですが、「無意識的に引き寄せられる部分」というものがあるわけですよね。「無意識」という世界は、ユングなども言っていますからご存じだと思いますが、そういった意味で言うと、やはり、「無意識的に、なぜ、ここに引き寄せられたのだろう」ということは、立花隆的立場から見ても、十分、探究に値《あたい》すべきテーマだと思うのです。

立花隆　うーん。だから、やっぱり、さっき言った「無知の知」、何が無知で、何が知なのかが、よく分からなくなったんで。

質問者A　なるほど。「無知の知」で、何が知なのか分からなくなったと。

立花隆　私が「知の巨人」といわれてるけど、知の巨人なのか、あるいは「巨人」っていうのが、ほんとに、「嘘」という意味の「虚人《きょじん》」。

質問者A　「虚《きょ》の人」ですか。

立花隆　虚人、虚人、虚人なのか。

質問者A　虚《むな》しい虚人。虚の人。

立花隆　大川隆法は無知なのか、知なのか。何か、このへんをめぐって、ちょっと〝グルグル回っとる〟わけだよ、頭が。

質問者B　なるほど。なかなかいい論点の立て方をされているように思います。それで、いわゆる、日本を代表する「知の巨人」とされていた方が……。

立花隆　なんか〝皮肉〟みたいに聞こえてきた。

質問者B　いえ、いえ、いえ。

立花隆　なんか、こうねえ、「知の巨人、知の巨人……」っていうのが（皮肉のように）。ええ？

質問者B　その方が、今、これだけ目の前に起きている現象に関して、自分の知識のなかでは説明がつかないと。

立花隆　いや、つかないよ。

質問者B　ええ、そういう状況《じょうきょう》に関して、どのように……。

立花隆　だから、唯一《ゆいいつ》あるとしたらね、死んでるんじゃなくて、もしかしたら、仮死状態か植物状態のままで、「体外離脱《りだつ》現象」という一種のフィクションではあるんだけど、脳の起こす現象で、そういう幻覚《げんかく》を見ている世界のなかに、まだいるのかもしれない。

質問者A　でも、すでに「樹木葬《じゅもくそう》」になっていますよ。

立花隆　ああ、そうか。

質問者B　ええ。（読売新聞の記事を見せて）これは今日の読売新聞の報道ですが、今おっしゃった植物状態でも仮死状態でもないということを、明確に、すでに客観的に報道されていますので、そういうことはもうないと思うのです。にもかかわらず、その意識が存在されている……。

立花隆　（記事を見て）いや、「知の巨人」って書いてあるじゃないか。なあ？

質問者B　「知の巨人」とは書いてありますが。

立花隆　新聞がそう認めたっていうことだよ。だから、私が、何て言うか、知的なものの考え方や分析《ぶんせき》においては、日本の最高峰《さいこうほう》の、まあ、謙虚《けんきょ》に「一人」と、「最高峰の一人」という……。

質問者B　それで、知的に正直になって自《みず》らに問うたときに、今、この状況を説明できるような知が自分のなかにあるかないかと考えたときに、先ほど、「ない」と、正直にお答えをされたわけですよね。

立花隆　「脳」とか「コンピュータ」とか「ロボット」とか、いろいろ、そのへんが近いあたりなんだとは思うんだけど、「宗教」とか「過去の哲学《てつがく》」とかは、そういう科学が発展しない時代の思想だからね。今だったら、たぶん違うと思うんだよな。今だったら、そういうものとの関連を考えていくはずなので。うーん。おかしい、おかしいなあ。

質問者A　「知の巨人」といっても、ご生前、資料を非常によく集めて、蓄積《ちくせき》して、そこをまたもう一回分析して、整理して、「こういう説がある」ということを出していくというのが〝知〟であるというようなことを訴《うった》えていたところもあると思いますけれども。

でも、精神的に自分を振《ふ》り返る知ではないですね。情報を蓄《たくわ》えて出すみたいな……。

立花隆　まあ、食べ物を食べたら、それは、〝出るもんも出る〟だろうよ。

4　実際に体験した体外離脱《りだつ》について

幸福の科学の説く真理を認められない本当の理由

質問者A　ただ、その「排泄《はいせつ》」という意味では、ある面、知的排泄力のところなのですけれども。

立花隆　うーん、そうそうそう。

質問者A　今、お手元にあります『本当に心は脳の作用か？』という本のなかで、立花先生の膀胱《ぼうこう》ガンの理由ということをリーディングされておられまして、実は、「資料を蓄積《ちくせき》して、溜《た》まりすぎて本を出せないでいる苦しみが、ガンとして立ち現れてきているのはほぼ確実である」というふうにも、大川隆法総裁は見抜《みぬ》かれていまして。

立花隆　（笑）私はそんな人生相談してないよ。

質問者Ａ　いえいえ、そうですけれども、そういう洞察力《どうさつりょく》で霊的《れいてき》な作用を見ますと、アウトプットとして出せないで苦しんでいるところが、病念《びょうねん》、病気として現れているということもありますので。ただただ蓄積するだけではなくて、それを、やはり「知的結晶《けっしょう》」として出していくところが足りないということを、大川隆法総裁先生は、この本での解説でご指摘《してき》されております。

立花隆　いや、ね？

質問者Ａ　その知的判断、エポケーのような判断停止ではなくて、判断をしていくというところが足りないのではないかというふうに、強いご指摘がございますけれども、いかがですか。

立花隆　いやあ、いやあ、君らの言うことをそのまま認めたらね、それは、「東大の哲学科《てつがく》や宗教学科」や、そんなものもみな崩壊《ほうかい》するが、「文春」だって崩壊する可能性があるし、「現代の常識」が崩壊するかもしれないし。

質問者A　それを認めたら、崩壊する可能性があると。

立花隆　「ＮＨＫ」が崩壊する可能性もあるわけだから、そう簡単に認めたらいけない。

質問者B　ああ。では、逆に言いますと、崩壊に至る因果《いんが》関係が見えているということですね。

立花隆　うーん、だから、私たちがみんな逆になる……、私たちが一生懸命《いっしょうけんめい》、働いてきたこと、仕事してきたことが、こちらが逆に「虚妄《きょもう》」だということを認めることになるから、そういうわけにいかない。だから、ＮＨＫなんかだったら、君らのそんな考えがもし合ってるなら、職員の大半は「地獄《じごく》行き」だろう。おそらく。

質問者B　ええ、その可能性は高いと思うのですけれども。

立花隆　だから、そんなことは認めるわけにはいかんが、やっぱり、学問的には認められないよ。

体外離脱《りだつ》は霊《れい》やあの世の証明にならない？

質問者B　ただ、この五十数日間のご経験を説明しようとしたら、これまで蓄積された、あるいは構築された世界観、つまり「死後がない」という世界観を、いったん脇《わき》に置かないと、どうも答えが見えないのではないかというところに関しては、少し気がつき始めておられる。

立花隆　うーん、でも、“Out-of-Body Experience《アウト オブ ボディ エクスペリエンス》”ということは、私も言ってたから、だから、「体外離脱《りだつ》っていう体験をしてるのかな」と思った感じはあるけどね。

質問者A　入院中に、臨死体験に近いような体験をして、「確かな実感を伴《ともな》っていた」と言っていましたよ、二〇一四年のＮＨＫの番組で。

立花隆　ああ、そうだったか。うん、そうか。

質問者A　そのようなかたちの体験をしたという。

立花隆　そうかも、そうかもしらん。ああ、そうかも……。

質問者A　〝脳内で〟といくらいろいろ言っていても、実際の「体外離脱の経験」はどうですか。

立花隆　うーん、「ある」かもしらんけども、それは別に、「霊《れい》とかあの世とかがある」っていう、「神や仏がある」とか、そんな証明には、必ずしもならないからね。

質問者B　いえ、霊の証明にはなると思いますけれども。

立花隆　いや、霊かどうかは分からん。だから、「幽体《ゆうたい》離脱」という言葉を使うと、そういう「幽霊」っていうふうにすぐつながるから、「体外離脱」っていう言葉を使う。

質問者A　だから、「幽」の文字を「体《たい》」に変えたのでしょう?

立花隆　そうそう、「体」に変えた。

質問者A　より唯物《ゆいぶつ》的に、「幽体」の「幽」の神秘的なところを物質的な「肉体」のものの見方へ変えて……。

立花隆　「体から抜け出すような感じ」を受けるときっていうのがあるわけよ、人間ね。こういうふうなイメージね、あるわけよ。

質問者B　要するに、「抜け出した主体」というのは何だと考えたらいいのでしょうか。

立花隆　うん？　うん？

質問者B　肉体から抜け出した、その主体は。

質問者A　肉体からスポッと抜けた自分の意識はどうか、ということですね。

立花隆　いや、「主体」かどうかは分からない。

質問者B　あるいは「存在」は。

立花隆　それは単なるイメージか……。

質問者B　いえ、イメージでもいいのですが。

立花隆　空想か、あるいは、体が、肉体がね、あんまり重かったりつらかったりすると、そこから逃《のが》れたくて、一瞬《いっしゅん》、フワッと浮《う》いちゃう。

質問者B　いえ、ただ、生前のご著書では「空想」とはおっしゃっていませんでしたよね。

立花隆　うーん……。

質問者B　やはり、そのへんは、ぜひ、知的に正直であられるべきではないかなと思うのですが。

立花隆　だから、「トンネル経験」とかは、たぶん、生まれてくるときのね、お母さんの子宮から出てくる、あの体験を〝追体験〟してるんだろうとは思うんだけどねえ。

だから、ちょっと、いや、死んでないけども、体外離脱体験をしたときには、何か光のトンネルみたいなのを通ったような気はするから、だから、わしが書いてるとおりだなあ。そのとおりだ。正しかった、うん。

質問者A　ああ、「光のトンネル体験」は正しかったのですか。『臨死体験』の表紙にもなっているんですよね。

立花隆　体験したけど、まあ、でも、母親の子宮から産道を通って出た、で、明るい光のなかに出てきて目が開《あ》かない、あの感じの〝追体験〟かなとは思うんだがなあ、うーん……。

質問者A　ただ、トンネルの場合もありますけれども、世界各国でいろいろな情景《じょうけい》での展開もありまして、「変形したバージョン」もあります。追体験だけではないと思いますが。

立花隆　いや、「神話」もいっぱいあるしね。世界に、それは、あるいは超能力者《ちょうのうりょくしゃ》だとかね、霊媒《れいばい》とかいろんな者がいるから。

質問者A　立花先生の見解によれば、「脳の側頭葉《そくとうよう》あたりから物質が出ることでそうした映像が見える」ということですけれども、側頭葉が駄目《だめ》になった場合、その人はもう、そういう体験はしないのですか。

立花隆　うーん……。

質問者A　側頭葉のなかの、もう限定されてしまったところでは無理があるかと……。

立花隆　だから、それは、何て言うのか、天国のイメージなんかが出るから、そこが傷《いた》んでた、損傷した場合は、たぶん、「単なる暗闇《くらやみ》」なんじゃないかな、うん。

質問者A　ただの「無」になると。

立花隆　うん、ただの暗闇なんじゃないかと思う。

質問者A　暗闇になると。

立花隆　うん、うん。これが、たぶん、釈尊《しゃくそん》が言った「涅槃《ねはん》」なんだろうと。

質問者A・B　（苦笑）

「人は死んだらゴミになる」は本当か？

質問者B　今、ご自身でいろいろご説明をされていて、虚《むな》しさを感じておられませんか。

立花隆　うーん……。

質問者B　一生懸命、生前に学んだ知識を、あっちから持ち出し、それを否定されるとこっちから持ち出しで、ずっとワッペンのように、次から次からペッタペッタと貼《は》ってておられて、それが全部バーッと剝《は》がれつつあるのですが、この状態をずっと続けられるのでしょうか。

立花隆　うーん……。

質問者B　五十日余り続けてきて、これから、またこれを、一年も二年も三年も、ずっと続けられるのでしょうか。

立花隆　いや、あるいは、もしかしたら、「電脳空間」みたいなものがあって、それを……、今ねえ、ネット社会だからね、実は電脳空間で、目に見えない電気みたいなんがいっぱい張り巡《めぐ》らされてて、それで、いろんな「情報」とか「意志」とか「考え」とか、もういろんなもんが散らばってるから、実はこちらのほうが本当で、それを使ってると思ってる人のほうが幻影《げんえい》かもしれない。そちらのほうかも。要するに、世界は、その電脳空間になる。

質問者B　ちょっと、それは映画の観《み》すぎといいますか、「マトリックス」とか、ただの映画の観すぎと言っては失礼ですけれども、そのレベルの話かなとは思います。

立花隆　うーん……。うーん……。

質問者A　例えば、昔、有名な検事総長がおられまして、『人は死ねばゴミになる』

という本を出されたのですけれども。

立花隆　あぁ、知ってるよ。うん、よく知ってる。

質問者Ａ　生前のインタビューでは、「もう、そのとおりだと思います」と、立花先生は言っておられました。

立花隆　いや、そのとおりだよ。

質問者Ａ　死んでゴミですか、今、ご自身は。

立花隆　いやあ、ゴミにもならなかったよ。

質問者Ａ　でも、「死んだらゴミになる」と言っていたではないですか。

立花隆　いやあ、いやあ、だから、「樹木の栄養になる」っていう。

質問者Ａ　でも、それは、ゴミにしては、ずいぶんいろいろなことをしゃべられていますよ。

質問者Ｂ　毎日新聞の夕刊にも出ていましたけれども、直近のご本で、「微生物《びせいぶつ》に解体されて、無になる」はずだと近著で書かれているのに、今、現に意志を持って話をされているわけですよね。

立花隆　だからね、君らは勘違《かんちが》いしちゃいけない。慈悲《じひ》の心があって、微生物でも生かしたいっていう気持ちがあったわけだね。

質問者Ａ　（質問者Ｃに）環境《かんきょう》問題について、ちょっと、どうですか。

質問者Ｃ　今、ここに来てしゃべっているあなたは、どなたですか。

立花隆　いや、だから、これ、私じゃないんですよ。「コピーロボット」なんですよ。

スイッチを押《お》したらロボットがしゃべり始めるんですよ。「あなたは今、立花隆です。はい」で、ポイッて押せば、はい、立花隆としてしゃべり始める。これが大川隆法の本質だ、たぶん。だから、すごいたくさんスイッチはある。

質問者C　そんな説明で、あなたは本当に満足できるのですか。

立花隆　いや、分からん。よくは分からんけど、ほかに説明しようがない。

質問者C　もっと正直になられたほうがいいのではないでしょうか。

立花隆　「正直に」っていったって、だってさあ、君らの結論から見るとさあ、なんか、〝縄文式時代人《じょうもんしき》〟と何《なん》にも変わりがないじゃない。だから、たくさんたくさん現代の勉強をして、科学をやったことが、全部要《い》らなくなって、〝縄文式人〟が考えてたのと同じじゃないか、ただの。

5　知の巨人《きょじん》に「知的探究の姿勢」を問う

「知の巨人」といわれるほどに、知を求めたのは何のためか

質問者C　あなたは、何のために知を求めて、「知の巨人《きょじん》」といわれるほどになられたのですか。

立花隆　いや、尊敬されるから。

質問者C　尊敬ですか。

立花隆　うん。尊敬、尊敬。

質問者C　ああ、尊敬されるがために。

立花隆　うん。

質問者C　「真理の探究」ということは考えられないのですか。

立花隆　うーん、まあ、そういう言い方もあるよ。それは、そういう言い方もある。

質問者C　そういう言い方？

立花隆　言い方もあるけどさ。現代は、そういう「真理の探究」っていうのは、ちゃんとビジネスにつながってないと食っていけない時代だからね。

質問者C　今、あなたがここに来てしゃべっていること自体が真理ではないですか。

立花隆　うん？

質問者Ｃ　真実ではないですか。

立花隆　いやあ、それはね、「体験」が全部真実とは限らないんで。それは誤認って、事実誤認っていうのが、やっぱりあるわけですよ。

だから、体験したような気がしてたけど、実際はそうでなかったって、よくあるじゃないか。ねえ？　「金縛《かなしば》りされた」とか言ってるけど、布団《ふとん》が重すぎたとかね。まあ、そんなんとか、「日中に誰《だれ》かをいじめたことを、罪悪感で思い出してた」だけで、それが金縛りだとか思ったりするような人がいるじゃない。

だから、その「体験」が、すなわち全部客観的事実とは言えない。

質問者Ｃ　もちろん、そうですね。その「体験」をどういうふうに受け止めるかという、その「認識の主体」があるはずですね。

立花隆　うーん、いや、それは……。

質問者Ｃ　今、あなたが体験しているものを、あなたはどう受け止めますか。

立花隆　「認識の主体」っていうのがある可能性は、五十パーセント。五十パーセントだ。だから、「ない場合」もあるわけよ。「認識の主体っていうのがない場合」もあるわけで。

質問者C　ない場合とは？

立花隆　うん、ない場合。

質問者C　どこにそんな例がありますか。

立花隆　仏教ではねえ、それは「五蘊《ごうん》の仮和合《けわごう》」っていうんですよ。そんでねえ、そういういろんなね、こう神経……。

質問者C　いや、そんな聞いて読んだだけのことを言わないでくださいよ。

立花隆　神経が、自分というものを、こう何かね、あるように思わせてるだけ。

質問者C　それは、あなたの今の状態を説明していますか？

立花隆　うーん、分からん。

質問者C　それが真実だと思いますか？

立花隆　分からない。

質問者C　分からないではなくて、考えてくださいよ、「真理はどこにあるか」と。

立花隆　君だって理学部で、京大の理学部出たっていうんならさあ、そんなの、霊魂《れいこん》なんか学校で教えてないだろうが。

質問者C　教えていないですね。

立花隆　だから、間違《まちが》ってるんだよ。そんなものないんだよ。妄想《もうそう》なんだ、空想なんだ。

質問者C　いやいや、だから、私はむしろ真理の探究のために……。

立花隆　真理の探究じゃなくて、真理の探究をやめたから宗教に入ったんでないか。何を言ってるんだ。

質問者C　そんなことはありません。なぜ、そんなことが言えるんですか。

質問者B　冒頭《ぼうとう》の総裁からのご説明のなかで、「究極の学歴信仰《しんこう》」という分析《ぶんせき》があったのですが、今の部分で、もろに出てきました。

　学校で教えていることがすべてで、そのなかに序列があって、それですべて価値判断をして、その枠組《わくぐ》みのなかで知識を集めて、編集をして、それで生業《なりわい》を立てていたということになりますよね、そうしますと。

立花隆　だからね、だから、「大川隆法が宗教家として本物かどうか」なんて、私、全然分からない。ただ、知的な情報処理能力としては、「やっぱり法学部はちょっと頭いいのかなあ」と思うことはある、うん。

だけど、法学部で金儲《かねもう》けのうまい人はほとんどいないから、ここを、異質な才能を結合したんで……。

質問者B　そこが理解できないわけですよね？

立花隆　うーん、それはある。

立花隆氏が語る「マスコミの本質」と「現代の神の条件」とは

質問者C　「金儲け」とか、「尊敬される」とか言われていますけれども、もっと大事なことがあるのではないでしょうか。

立花隆　大事なことって、何？　最後は微生物《びせいぶつ》の餌《えさ》になるぐらいしかないんだから。

質問者C　いや、だから、「何が本当なのかを探究する」ということが原点にあって、「それがあってのいろいろなこと」ではないでしょうかね。

立花隆　君なんか、お堀端《ほりばた》の水質なんか検査してたんじゃないのか？

質問者C　いいえ、直接はやっていません。

立花隆　うん？　そんなことはしてないのか。

質問者C　はい。

立花隆　そんな感じの人かなあと思ったんだがなあ。あと、「灰を撒《ま》いたら環境《かんきょう》に汚染《おせん》がある」とか思ってるんじゃないのか？　なんか悪意を感じるからさあ。

質問者C　悪意……。

立花隆　樹木葬《じゅもくそう》とかいうのは、「これは環境破壊《はかい》につながる」と思ってるんじゃないか。ダイオキシンとか発する……。

質問者C　あなたはもう肉体はないのでしょう？

立花隆　うん？

質問者C　あなたは肉体ないのでしょう？　それは分かりますよね？

立花隆　うーん、いやあ、まあ、そういうふうなフェイクニュースかもしれないものが流れてはいるけどね。

質問者C　いや、「フェイクニュース」と言って曖昧《あいまい》にしないでくださいよ。

質問者B　では、樹木葬を報道した読売新聞に対して、立花隆が、「御社《おんしゃ》はフェイクニュースを流している」と……。

立花隆　可能性はある。

質問者B　「可能性はある」と。

立花隆　だって、私に「死んだかどうか」を読売新聞は尋《たず》ねてきてないから。

質問者B　いや、この霊言《れいげん》は公開して本になりますのでね。

立花隆　ええー？

質問者B　ご生前、ご存じの読売新聞で、いろいろな関係者が全部読まれますので、やはり言葉には責任を持たれるべきだと思うのですが。

立花隆　それは、君ねえ、マスコミへの脅迫《きょうはく》だよ。

質問者B　いえいえ。

立花隆　「マスコミたちが、根本的に間違った前提の上にやっている」っていうふうな。

　これ、彼らの生活の拠《よ》って立つ給料のもとをね、根元《ねもと》からね、こう揺《ゆ》さぶるような行為《こうい》だよ。

質問者B　ただ、その可能性を感じられたから、ここに来られたわけでしょう?

立花隆　まあ、まあ、いやあ、それはねえ、それは「疑問探究」っていうか、そういう面はちょっとあることはある。うん、うん、うん。

質問者B　そういう本質的な問題が、疑問があるのではないかと、さすがに「無知の知」を探究される方であれば……。

立花隆　いや、もし本当に死んで、もし「立花隆」っていう個性が、もし本当にこれ残っているんだとしたら、文春なんかが「文春砲《ほう》」とか言って、いっぱいいろんな人を撃《う》ち落としてるけど、「やつらは、いったいどうなるんだろうかなあ」っていう気持ちはちょっとある。

質問者B　そうですね。

質問者A　ああ、そうですか。今のその気持ちが非常に大事だと思います。「将来どうなるのだろう」というのが、ある意味、知的探究心ですよ。

立花隆　「大丈夫《だいじょうぶ》かなあ。大丈夫かなあ」っていう……。

質問者A　ああ、「自分は大丈夫かなあ」という思いが出てくればですね……。

立花隆　うーん、何か、もしかしたら〝間違ってる可能性〟があるから。

質問者A　はい、はい、はい、はい。

立花隆　いや、「この世だけがすべて」だと思ってやってるところがあるから。

質問者A　そうです、そうです。「この世だけがすべて」と見る目と「この世だけがすべてではない」と見る目と、その両方を持っていると、違ったものが出てきますよね。

立花隆　いやあ、それはね、マスコミの本質は「嫉妬《しっと》」なのよ。

質問者A　嫉妬。

立花隆　だから、自分が手に入れられなかったものを手に入れた者、しかも、それを容易に楽に手に入れた者ほど嫉妬して、それに対して弾《たま》を撃って、それを社会的に葬《ほうむ》る。これが、だいたいマスコミの基本的な原理なんで。「人間の嫉妬心が正義」というのが、マスコミの立場なんですよ。
まあ、私もそのなかに身は置いていたから、できるだけそういうものは出さないようにはしようとは頑張《がんば》ってはいたけども。
だから、原材料を見せて、「こんなものから引用してやってます」みたいな感じにしてるけど、それを取ったらどうかっていうと、嫉妬しかないんだ、ほんとはな。

質問者A　ああ、根底に嫉妬があると……。

立花隆　だから、「嫉妬イコール正義」なんですよ。

質問者A　ああ、「嫉妬は正義」なのですか。

立花隆　それがマスコミ。だから、マスコミからできているデモクラシーが、今、正義になってるから。だから、「嫉妬心の正義」なんですよね。

質問者A　あなたにとって、「知の巨人」の知というものの根底にある目的性というのは、「自分が尊敬されたい」ということとか、「他への嫉妬」というもので、それが動機で引っ張っているという感じなのでしょうか。

立花隆　だから、尊敬されたらほめられる。ほめられたらうれしい。この世では、これ以上にいいことは何もないわけよ。

質問者B　今おっしゃられたように、実は、いちばん根っこにあるのは「嫉妬の原理」なのだけれども、立花さんの場合は、そこはさすがに良心の違いといいますか、彼らとはちょっと違うということを証明するために、いろいろな知識を並べて、あたかも実証精神のようにして論証して、というかたちで書籍《しょせき》を編んでこられたのですが……。

立花隆　うん、うん。

質問者B　今ここで問題になっているのは、「その並べられた知識というものが、もしかしたら、無常《むじょう》の風が吹《ふ》くと全部サーッと消えてなくなっていって、結果的には嫉妬の原理だけで動いていた文春砲と同じところに立つかもしれない」ということですが、それに関してはどのようにお考えでしょうか。

立花隆　だから、まあ、田中角栄《たなかかくえい》を撃ち落としたあれなんかでも、まあ、単なる正義の概念《がいねん》だけではなかったとは思うんだよ。

質問者B　そうですよね。

立花隆　やっぱり嫉妬はあったわな。確かに、「こんな野郎《やろう》が総理大臣になりやがって」みたいな感じはあるから。

まあ、わしが二十歳《さい》若ければ、それは、安倍《あべ》さんとか、菅《すが》さんとか、「この野郎、成蹊大《せいけいだい》や法政大《ほうせいだい》を出て総理大臣になるなんて、こんなのもう日本中やる気がなくなるでないか」って言って、やっぱり批判はしたかもしらんけど、もう元気ないからできんけどさあ。若い人にやってもらわないと。

質問者B　そうすると、本質のところにあったのは、あの『田中角栄研究』のとき以来、いわゆる「学歴差別からの嫉妬」といいますか、「この野郎」といいますか、そういう原理というのが、やはり自分のなかにもあったというところに関しては、正直に認めておられる……。

立花隆　いや、それの何が悪いの？　そのとおりじゃないか。

質問者B　あっ、そのとおりだと。

質問者A　欲望が、けっこうおありに……。

立花隆　いや、欲望じゃなくて、それは「現代の神の条件」じゃないの。

質問者A　えっ、現代の何ですか？

立花隆　神。「神の条件」はそうだ。

質問者Ａ　「神の条件が欲望だ」と?

立花隆　「知的である」っていうことだ。何を言ってるんだ！　欲望じゃない。

質問者Ａ　ああ、「知的であること」ですか。

立花隆　それを「欲望」って言ったら、君だってもう失業するんだ、今日から。

質問者Ａ　（苦笑）

立花隆　知的であることが「神の条件」。

質問者Ａ　「欲望」と認めるのではなくて、それを「知的である」と。知的であることが「神の条件」？

立花隆　うん、そういうことです。

質問者A　ああ……。

6 立花隆氏の価値観の根底にある「学歴信仰《しんこう》」と「宗教観」

総理大臣を学歴で判断する立花隆氏

質問者B　ただ、結果的に、例えば田中角栄《たなかかくえい》さんを取り上げますと、まあ、〝撃《う》ち落とした〟ようには見えたのですけれども、いまだに慕《した》う人が多くて、「田中角栄本」というものが繰《く》り返し繰り返し出てきていることは……。

立花隆　まあ、それはそうだろう。

質問者B　実は、客観的に見ますと、世論《よろん》に対しては、立花さんは撃ち落とせなかった。つまり勝てなかったんですよ。

立花隆　うーん。

質問者B　ということは、「立花さんが並べた知識で証明しようとしたことが、実は正しくなかった。あるいはガラクタの知識だった」と。

「だから、時間の流れとともに全部、剝《は》げ落ちていって、相変わらず田中角栄さんは国民的人気を誇《ほこ》っている」というのが客観的状況《じょうきょう》だと思うのですけれども。

立花隆　まあ、総理から晩年ね、それは半身不随《はんしんふずい》みたいになってつらかっただろうから、まあ、それは「お気の毒だなあ」とは思ってはいたよ。自分も病気したら、確かに、「つらいもんだなあ」っていうことは分かるから、ちょっとね、「若気《わかげ》の至りで、ちょっときつすぎたかなあ」と思うところはあることはあるんだけど。

でも、今のマスコミも、それで飯《めし》を食ってるじゃない。なあ？「政治とカネ」でまだまだ食ってるじゃない。相変わらずやり続けてるじゃない。ねえ？「金をばら撒《ま》いた」と言っては追及《ついきゅう》して落としてやってるけど、でも、一方では「金をばら撒け」ってまた言ってるからね。

質問者B　では、先ほどのお言葉によりますと、もし二十年若かったら、今、安倍《あべ》さんも、ある意味で菅《すが》さんも照準が合っているというか、〝ロックオン〟されて狙《ねら》い撃ちにされそうになっているのですけれども、あれを……。

立花隆　あなた、法政《ほうせい》の夜学、夜間なんかで、そんなもん、総理になってもらったら困りますよ。

質問者A　「学歴」の感覚が非常に強いですね。

質問者B　そういう感覚で、もし自分が二十歳《さい》あるいは二十五歳若かったら、自分が先頭に立って撃ち落としにかかると。

立花隆　イチゴ農家継《つ》げよ、ちゃんと。田舎《いなか》に帰って。

質問者B　というのが「本心」だということですね。

立花隆　それはそうでしょう。秋田でイチゴ農家やったらいいじゃないか。総理にならんでよろしい。日本をそんなに貶《おとし》める必要ないでしょう。だから、私の言ってるのは「知的であること」が「神であること」なんだから。

質問者B　そうなりますと、おっしゃっておられる学歴信仰《しんこう》とか、学歴差別の中身が問題になってくるのですが。

立花隆　うーん。

質問者B　いちおう肩書《かたがき》を得られたのはいいのですけれども、「その肩書を通じて得られた知識というのが、本当の意味で役に立っているのか、本当の意味で正しかったのか」ということに関して言うと、今、亡《な》くなられて、自分の置かれている状況すら説明することができない。そういう知識であったということに関しては、どうなのでしょう。どのように思われていますか。

立花隆　だけど、お経《きょう》を読んだって分からないよ。「今の私」の説明、できないもん。

質問者B　ですから、今、幸福の科学で現代のお経を説いているのですけれども。

立花隆　あっ、そうか。

質問者A　やはり、「分からないものがあったら、やはり謙虚《けんきょ》に心を開いて探究していく」という姿勢が、無知の知になっていると思いますけれども。

立花隆　うーん。

「ヒューム的懐疑論《かいぎろん》」や「唯脳論《ゆいのうろん》」という言葉に共感を示す

質問者A　生前の立花先生は、知的好奇心《こうきしん》が非常に強く、知的探究心も強く、「生命科学」とか、「宇宙」とか、「政治」とか、もうさまざまに探究の分野を広げておられました。

立花隆　うんうん、そうそうそうそう。ああ、その敬語、いいね。その敬語、何か快感を感じるよ、ちょっと。快感ホルモンが何か……。

質問者A　いえいえ（苦笑）。そうした知的探究心の眼が「死後の自分」に対するほうに向いたときに、今、この短い時間のなかでも、「ああ、そうだったな」とか、いろいろ言葉がポロッと出てきますし、発見も出てくるように思います。

「新しい今の自分の姿」を、どういうふうに見ますか。何が分からないですか。「死後があるか、ないか」といって判断を保留にした世界が、今、目の前にあって、どうされますか。

立花隆　（『本当に心は脳の作用か？』を見ながら）このなかに、「ヒューム的な懐疑《かいぎ》主義」なんていう言葉も出てきてるね。さすが私だな。立花隆守護霊《しゅごれい》か。

質問者A　懐疑主義？

立花隆　うん、ヒューム的。これかもしれないな！　今、ヒューム的懐疑主義。すべてのものに懐疑的な態度で生きることは哲学《てつがく》的に生きることだ。そういうことで、すべてを疑ってかかる……。

質問者A　あなたには、学歴信仰や「地位が上がって偉《えら》くなって、尊敬されたい」とかいうものもあったりするけれども、もう一つは、そうした「何が正しいかが分からない」という懐疑の限界も同時にあると思いますが……。

立花隆　いやいや、科学っていうのは、今、「懐疑論」でしょう。懐疑論から……。

質問者B　いや、科学というのは「真理の探究」ですよ。

立花隆　いや、科学っていうのは、〝偽物《にせもの》を暴《あば》いていくことから始まる〟んですよ。

質問者B　まあ、たかだかこの百年ぐらいはそうですけれども、出発点のニュートンなどは、そこはもう明確に「真理の探究」ということを言っておられましたよ。

立花隆　ふーん。

質問者B　途中《とちゅう》で、やや末流の、ちょっと格の違《ちが》う方々が勝手に後代になって幾《いく》つか並べてはいましたけれども。

立花隆　いや、親はねえ、キリスト教徒だったから、それは神の話とかいろいろ、信仰の話をいっぱい聞かされたけどさあ。もう……、それなら、もっと立派な人間にみんななっていきそうなものなのに、キリスト教を信じてるからって、別に立派になっていかないからさあ。

やっぱり、疑問を持つのは、「ヒューム的懐疑論」を持つのは、当然のことじゃないですか。

質問者B　ああ、では、やはりキリスト教に対する疑問といいますか、不満といいますか、そういうものが根本《こんぽん》にあったということですか。

立花隆　それが、今、世界のいちばん進んでる文明なんだろう?

質問者B　ええ、これは今、アメリカの学問の世界で、有神論者だった学者が無神論に転じていくときのいちばん典型のパターンなのですが、そのパターンに立花さんもはまっているということになりますけれども。

立花隆　（『本当に心は脳の作用か？』の本をめくりながら）あっ、「唯脳論《ゆいのうろん》」ね。唯脳論って、いい感じ。いい感じ。こんな感じ。

質問者A　唯脳論がいい感じですか（苦笑）。

立花隆　うん。だから、もうすぐ養老孟司《ようろうたけし》がやって来るだろうからさ。同じになるはずだから。

質問者A　ああ、あなたと〝住む世界〟が同じになっていますか。

立花隆　ああ、唯脳論を説いてるのは養老孟司だからさ。これは近い、かなり近いので。

質問者B　養老孟司さんとだいたい同じレベルで仕事をされているという自己認識ですか。

立花隆　うん、まあ、そうなんじゃないの？　日本の最高の知性だから、お互《たが》いにな。

質問者B　あっ、そうですか。

質問者A　今、手にされているその大川隆法総裁先生の著書（『本当に心は脳の作用か？』）のなかには、先ほど出ました田中角栄についての、ご自身の守護霊の発言もあります。「徹底的《てってい》に追及してやっつけたので、田中角栄さんと会ったら、閻魔《えんま》大王みたいに現れてくるだろうな」とか、「会ってはいけない人だろうとは思うよ」というようなことを、ご自分の守護霊も言っていました。

立花隆　（『本当に心は脳の作用か？』を見ながら）いや、〝ほめている〟のもあるじゃない、この「『イギリスのローズマリー・ブラウンという女性の場合は、ベートーベン、バッハ、ショパン、シューベルト、シューマン、ラフマニノフなど、有名な作曲家の霊が、自分に次々に乗り移ってくると言って、六年間に四百曲もの曲を書いた。そのなかには、ベートーベンの第十交響曲《こうきょうきょく》などというものもある。まるで音楽界の大川隆法である』というようなことを書いてある」とかいう。

これね。

わしは、だから、ほら、大川隆法を〝いい意味〟で使ってるじゃないか、ちゃんと、だから、今、あなたがたも何か曲をつくってるとかいう話は、これ、似てきたじゃないか。

質問者B　まあ、それは結構なんですけれども……。

死後の立花隆氏に両親がかけた言葉とは

質問者B　ちょっと話を元に戻《もど》しますけれども、ご両親のお話をされたのですが、この五十日の間で、お会いにはなられませんでしたか。

立花隆　いや、それはね、それはね……。両親の、何て言うか、思い出とかそういうものはあるよ、やっぱり。人間ね、それはやっぱりあるもんだよね。うん、うん。

質問者B　いや、「思い出」というレベルではなくて、実際に……。

質問者A　会ったかどうかですね。

質問者B　現れて、会話を交《か》わしたりとか。

立花隆　それは、いやいや、幻影《げんえい》だからさ。いや、今、テレビは、いない人でもいっぱい映る時代だからね。

質問者A　いや、先ほど話にあった『杜子春《とししゅん》』では、お母さんが現れてきたりするではないですか。

立花隆　ああ、ああ。

質問者A　体が馬で、顔が人間でというようような。
いや、本当に会う可能性はあるんですよ。

立花隆　いや、それはね……。

質問者B　何か一生懸命《いっしょうけんめい》、ごまかそうとしているように見えるのですけれども、お会いになられて……。

立花隆　いや、いや、テレビの番組みたいなもんだと思うけれども。

質問者B　では、番組のようなもので会ったわけですね？

立花隆　うん、両親風の人は現れてはきて。で、当然ほめてくれると思ったら、「おまえはなんで、そんな惨《みじ》めな最期《さいご》になったんだ」みたいな感じのこと言うから、「おかしいこと言うなあ」と。

質問者B　「おかしいな」と思ったわけですね？

立花隆　うん。「教会にも葬《ほうむ》られないで」っていうような、何かちょっと訳の分からんこと言ってるので。

質問者B　ああ、では、お母様は、教会に葬られないことに関して、非常に悲しがっておられたと。

立花隆　うーん、まあ……。いや、両親の信仰を見て、「信仰は、ちょっと疑いがある」と思っていたんでねえ。

質問者B　ああ、そこが原点といいますか。

立花隆　うーん。いや、キルケゴールみたいなもんだなあ、一種の。

質問者B　（苦笑）ちょっと……。

質問者A　やはり、小さいころから、宗教に対して残念な気持ちというか、そういうものを持っていたのですか。失望感とか……。

立花隆　いやあ、「人をうまいこと騙《だま》して生活してるな」っていう感じは、やっぱりあるよな。

質問者A　ああ。やはり幼少から、そういうふうに宗教への偏見《へんけん》が……。

立花隆　まあ、私らみたいに、しっかりとした資料を集めて、良心的にそれを抜《ぬ》き出して書いた人たちは、確かな仕事としてやったことだけど、そんなものもなくて、もうただただ、「こう言われています」みたいな感じで古代の話、二千年、三千年前の話を持ってきて現代で言って、まだそれで飯を食ってるやつらっていうのは、これは「伝道師」と称《しょう》する〝デマ師〟だと思ってたね。

質問者B　ただ、知的に正直であるならば、そういう方々もいらっしゃるでしょうけれども、そうでない宗教家とか、そうでない宗教活動もあるということに関しては、心を開いて白紙の目で見るというのが、これがやはり本当の意味での「知的巨人《きょじん》の取るべき態度」かと思うのですけれども。

たぶん、そういった観点があったから、大川隆法総裁に関心があったのではないかと思うのですが。

立花隆　いや、一九九〇年代は、そりゃあねえ、もう、日本経済はガタガタでしたけれども、政界もガタガタだけれども、いやあ、幸福の科学ブームも吹《ふ》き荒《あ》れた時代でもあったからさあ。それに、逆に、「この科学の立場から、それを説明してみせよう」と思う気持ちもあったので。で、ジャーナリズムのほうはやっぱり正義を立てようと頑張《がんば》っていたところはあったので。

質問者B　では、意識をされていた？　幸福の科学の「科学」という部分に関して意識を。

立花隆　ああ、ああ……。それでかあ……。

7
訃報《ふほう》前に大川隆法が見た予知夢の真相

花田《はなだ》編集長と渡部昇一《わたなべしょういち》氏が出てきた夢

質問者A　え？　何か発見がありましたか？

立花隆　いやあ、そうなんだよ。ちょっと、ここの奥《おく》さんも言ってたなあ。いや、二、三日前にね……。

質問者A　二、三日前、はい。

立花隆　ええ。大川隆法（の夢）の「夢判断」をしようとして、まあ、たぶん、しなかったと思うんだが。何か、花田《はなだ》編集長の。

質問者A　ああ！　「月刊　Ｈａｎａｄａ《ハナダ》」編集長の花田さん。

立花隆　花田が大川さんの夢に出てきて、それで、こういう霊言《れいげん》をして、いろんな人がそれを検証しようとしてると、まあ、花田も出てきたんだけど。

生前の人の、その人の、何かね、しぐさまで一緒《いっしょ》でなければ本物でないみたいな感じのことまで、いろいろと調べようとしてて。「おしっこするときにどういう感じでしてたか」みたいなのまで調べようとしてて。

「それが合ってるかどうか、本人と。そこまでしないと霊言が本物かどうか分からん」みたいなことを、ちょっとみんなで検証しようとしてたところに渡部昇一《わたなべしょういち》さんが現れて、大川隆法さんに、「そんなことはもう無視してください」みたいなことを言って、「そんなこと関係ないですから、今、自分らがやってることをどんどんやり続けたらいい。もう、批判はいくらでも出るから、何かコーナー？　霊言コーナーをとにかく広げて一つのジャンルにしてしまえば勝ちですから。どんなかたちでおしっこしてたかとか、そんなことはどうでもいいから、もうとにかく『中身で勝負』で出し続けろ」っていうようなことを言って。

花田さんと渡部昇一さんとの意見がね、そこでちょっと分かれてて。大川さんのほうの擁護《ようご》をしているような感じだな、っていうような夢を見たという話をなさって。……ということは、私はそのころは（近くに）いたっていうことか。

質問者A　ああ、そうですよ、きっと。

立花隆　ああ、ああ、いたんだ。

質問者A　二、三日前からいたんですね。はあー。

立花隆　うーん、「暗闇《くらやみ》」のなかにはいたんだな、どこか。

質問者A　ああ、その大川隆法総裁先生の夢の情景のようなことは覚えてますか？

立花隆　うん。花田とはなあ、まあ、ちょっと、二年後輩《こうはい》で親しかったからな、うんうん。

質問者A　ああ、花田さんも知っていると。

立花隆　うーん、紀凱《かずよし》な。文春の黄金時代を経験してる。

質問者A　ああ、要するに、その夢のなかの花田さんの言葉にあるように、今の保守言論人の方とかのなかには、信じていない人も多いということですよね、「あの世」をね、「霊言」とか。

立花隆　だからねえ、やっぱり「資料」、「材料」なんだよ。「誰《だれ》かがしゃべった」「誰かが書いた」っていうのが、それが「材料」で。だから、自分に責任がないっていうことだよな、基本はな。

質問者A　いや、渡部昇一先生は霊的世界や霊言を信じていましたが。

立花隆　いや、直感的にパッと信じられるタイプなんだろ？

質問者A　いや、冒頭《ぼうとう》で大川隆法総裁先生が言われていた「啓示《けいじ》」というか、「インスピレーション」というか、いや、「ひらめき」があるかどうかが大事なのですが。

立花隆　うん、うん。田中角栄《たなかかくえい》もそうだろうけどね。あれも超能力者《ちょうのうりょくしゃ》だったという噂《うわさ》があるぐらいだから。

質問者A　ああ、それは直感的な「ひらめき」とかがある方であるという？

立花隆　いや、私は完全には否定しないよ。そういう人だから。確かに直感力がすごいあるからさあ。「こいつに五百万渡《わた》したら、俺《おれ》の派閥《はばつ》に入るだろう」っていうのは、直感的に分かるんだろう。うん、まあ、そういう意味では神みたいなところはあるんだろうけどさ。

質問者B　うん。やはり、ちょっとそういう部分に関して、嫉妬《しっと》と言ったら失礼ですけれども、「いいなあ」という……。

立花隆　いいなあとは……。いやあ、彼みたいにはなりたくはないとは思うけどさあ、うんうん。

まあ、「爽快感《そうかい》」はあったよね。だから、検察庁なんかも、要するに、言論力がないじゃない？　全然。今、分かるでしょう？　言論力ないから。裏に来て、「文春」の力を借りて、私の名前で、ねえ？　検察官が田中角栄を有罪に持っていくために一生《いっしょう》懸命《けんめい》協力してくれて、ええ。資料も出してくれて、論理の立て方まで教えてくれて。やっぱり「爽快感」はあったよねえ、あれは一種の。

その夢は誰《だれ》の葬式《そうしき》だったのか？

質問者Ｂ　先ほど話に出ていた夢判断をご覧になられたときに、要するに、「いろいろなしぐさまでまねしないと本物とは認めない」とおっしゃったわけですよね。

立花隆　だから、君がおしっこするときは、どの順序、手順でやるかをね、君の、例えば奥さんとか、あるいは子供とかがいれば、知ってるかもしれないじゃない、ね？　そこまで言えたら、ああ。

質問者B　ええ。というふうにやり取りをしているところを、上のほうから見て、「そういうことを言ってるのは、これは、もしかして〝自分のこと〟じゃないか」と。

立花隆　ああ、うん。

質問者D　その夢では、花田さんもいたのですけれども、どなたか言論人が亡《な》くなっていて……。

質問者B　あっ、なるほど！

立花隆　ああ、そうだった。

質問者A　ああ！　その「亡くなっていた言論人」というのが……。

質問者D　それを、体育館かどこかを借りて、葬式《そうしき》のような、霊場《れいじょう》のようになっていて、「その亡くなられた言論人の方のトイレの仕方とかまで実証しないと、霊言は信じないぞ」みたいなことを、花田さん側がおっしゃっている感じの夢でした。

質問者A　あっ、葬式。ああ、それはもしかしたら。

立花隆　ああ……。膀胱炎《ぼうこうえん》か。

質問者A　ああ！　そうですね。ご生前は膀胱ガンでしたからね。

立花隆　ああ……、そうかあ……。そういうことか。

質問者D　それで、総裁先生が「誰《だれ》か有名な言論人の方が亡くなるのか、亡くなったのか、なのかな」というようなことをおっしゃっていました。

質問者B　自分の葬式を見てた。

質問者A　そうか。夢のときは、まだご逝去《せいきょ》のことは報道では公表されていませんでしたからね。

立花隆　俺の葬式かあ。でも、「暗闇」だったよな、周りは。ねえ？　まあ、顔が見えなかった。

質問者D　そうです。（亡くなった方の顔は見えなくて）誰かは分からずに、その話をして……。

質問者A　では、大川隆法総裁先生は、夢で事前にもう立花先生のことを知っていたんですね。

立花隆　知ってたんだあ。俺だったのかあ、そうか。俺の葬式……。

質問者B　でも、葬式の姿を向こうから見る。これは典型的な魂《たましい》が経験するケースですよ。

立花隆　うーん……、葬式だったのか。それで花田がいたのか。で、渡部昇一さんが来たのかあ。

質問者A　そうですね。それで信じないあなたに対して、渡部昇一先生が、大川隆法総裁に「いや、そんな気にしないで、どんどんやってください」と。

自分の霊言《れいげん》を「真実」と認めさせるにはどうするか

立花隆　じゃあ、これ、霊言《れいげん》するときには、「晩年はおしっこは不自由でしたか?」とか、君たちは訊《き》かなきゃ駄目《だめ》なんだよ。もうちょっと唯物論《ゆいぶつろん》的に攻《せ》めないと、これが本物だって信じてもらえないんだよ。

質問者A　いえいいえいいえいいえいいえ。

立花隆　で、「点滴《てんてき》は痛かったですか?」とかさ、「薬は何を使ってましたか?」とか言って、これに全部答えられたら、霊言が本物だっていうことになるっていうことだ。

質問者A　いや、だから、やはり「厳密さ」を要求しすぎるというところも問題点だということで、大川隆法総裁先生が指摘《してき》をされています。

立花隆　まあね、頭がよすぎるとな。頭がよすぎるとねえ、そういうことはあります。頭がよすぎると、どうしてもね。

質問者A　厳密さを要求する。

立花隆　試験に通らないもんね。だから、そうでないと。

質問者A　だから、「百パーセント、自分が納得《なっとく》する厳密性がないと信じない」という、そういうところがあるからこそ、集めた情報を整理して出せない。溜《た》まってしまう。

立花隆　私が、だから、その言論側の、まあ、文春の、例えば編集長だとしたら、「じゃあ、立花の霊言っていうんなら、最後病院で、どんな治療《ちりょう》を受けていて、どんなものを食って、どんなふうに扱《あつか》われて、最期《さいご》に死ぬときはどうだったか」まで全部克明《こくめい》に言って、それが当たっていれば本物かもしれないけど。

でも、それも、事前に情報を入手してる可能性があるから、その可能性まで、やっぱりいろいろ全員当たって調べないといけないよね。

幸福の科学の信者が入ってたりしたら、それは、情報をばらされる可能性があるからさ。それでないかどうかまで調べなきゃいけないよね、うん。

質問者C　そのへんが、どんな「知」を求めようとしているのかというところにもかかわるのかなと思うのですけれども。

地上生活というのは「仮の宿《やど》り」です。

立花隆　だから、それはあんたの主観だから。

質問者C　要は、今、まさに、いらっしゃってお話しされているように、あなた自身が地上生活で、どういうふうな悟《さと》りを得たのか、どういうふうな魂の磨《みが》きが得られたのかということが問題。いちばん大事。だから、そういったところを聞かせていただいているわけです。

立花隆　いや、私みたいな「知の巨人《きょじん》」から見りゃねえ、だから、この世の世界なんて、アリの生態観察して夏休みの研究発表を二学期に出すような、そんなもので。人間は〝アリんこ〟みたいにいっぱい動き回ってるけど、その行動分析《ぶんせき》をしながら、アリは何を好んで、どういうふうにして運んで、どういうふうに巣をつくって年越《としこ》すかとかいうようなのを書いてるわけよ。それが、だから仕事だよな。

そりゃあ、まあ、「神の代わり」なのよ、要するに、「知識人」というのは、うん。

立花隆氏の「死後の世界は幻影《げんえい》」という信条に〝揺《ゆ》らぎ〟が

質問者B　ご自身の葬式をご覧になられて、いかがですか？　感想は。

立花隆　葬式……。

質問者B　うん。あれはどう見ても……。

立花隆　いやあ、でも、それは無理なんだよ。私が死んで葬式出す場合に、「私自身が私の葬式を見る」ということは、それは不可能なことなんですよ。

質問者B　いや。でも、ご覧になられたわけですよねえ？

立花隆　いや、それはね、まあ、いろいろ幻影《げんえい》っていうのとか、幻想とか、いろいろある……。

質問者B　いや、でも、先ほど、「あっ、そうか！　私のことか」とおっしゃったじゃないですか。

立花隆　いや。いや、ちょっと、そのへんは錯綜《さくそう》するから、よく分からないんだけど。

質問者B　いえいえいえいえいえいえ。

立花隆　もし今日……、まあ、昨日《きのう》ニュースが流れたらしいが、それより前だよね。何日か前に、その私の葬式らしきものをもう知ってたっていうなら、それは、まあ、確かに、まあ……、一つのあれにはなるな、ヒントにはなるなあ。

質問者B　そうですよね。

質問者A　本当にそうですね。

質問者D　（夢は）六月二十日に見られています。

立花隆　うん？　六月二十日。今は何日？

質問者B　二十四日ですね。

立花隆　ああ、四日前かあ。

質問者B　ええ。

立花隆　で、昨日は？　二十三日。

質問者B　報道は昨日ですけれども。

質問者A　報道は二十三日でした。

立花隆　その〝三日前〟に、私の葬式のあれを……。

質問者A　ええ。「ある言論人が」ということで。それは実は……。

立花隆　うーん、の葬式。

質問者A　はい。「お葬式で」という場合を見られて。

立花隆　知られたから、今いっぱい来てると思うよ、いろんな人が。

質問者B　ええ。極《きわ》めて科学的な証明だと思いますけれども。

立花隆　うーん、まあ、それは……。

質問者A　しかも、いろいろな報道があったあとに、全国から立花隆先生へのいろいろな感謝や意見が来たというのを感じられたということでしたよね。

霊として見ながらかもしれませんけれども、それを「感じた」ということは、そういう全国から来る「思い」みたいなものも、目に見えないそのエネルギー的なものも感じたということだと思うのです。それは、やはり「そうした人々の思いを〝受信している自分〟がいる」ということだと思うんですけれども、感謝の思いとか……。

立花隆　うーん……、でも、まあ、携帯《けいたい》電話とかスマホとかでも、やっぱり充電《じゅうでん》って要《い》るんじゃないの？　乾電池《かんでんち》もあるか。まあ、知らんけど。

質問者A　でも、ケータイはないですよ、あの世では、今。

立花隆　あっ、そうか。

質問者A　いや、心では、いろいろかかわってくるものが、どんどん伝わってきているわけですから。

立花隆　何かね、〝電気的なもの〟だろうとは思うんだね、たぶんね。

質問者A　電気的なエネルギーもあるかもしれませんけれども。

立花隆　〝電気的なもの〟だろうとは思うんだがなあ。空中をいっぱい飛び交《か》ってるけど目に見えない〝電気的なもの〟で、ときどき、結節点みたいなこういうもんがあって、それが、まあ、「個性みたいな感じ」になってあるんじゃないかっていう。こういうふうに、電気がいっぱい、もう脳のいろんなところに張り巡《めぐ》らされてるなかのものなんじゃないかな。

質問者B　ええ。それは分かっているのですけれども。

実際に報道される三日前に、自分が現実に霊的な葬式のその様子を目撃《もくげき》していたと、今、非常に科学的に証明されたのですが、この立派な科学的な証明に関しては、いかがでしょうか。

立花隆　いや、科学的かどうかは分からない。

質問者B　いえいえいえ。論理的な証明に関して。

立花隆　夢判断だから。

質問者A　だけど、事前には一切《いっさい》知らないのでね、大川隆法総裁先生は。

立花隆　夢判断だから。

質問者A　三日前には、あなたの死去のことは報道されていないわけですから。

立花隆　うーん、そうだよね。

質問者A　この世的には、知らないんですよ。

立花隆　そうだよね。

質問者A　知らない段階で、リアリティーのある状況《じょうきょう》を描写《びょうしゃ》しています。

立花隆　だけど、まあ、私かどうかは分からないけれども、花田紀凱編集長がいたっていうことだけは、はっきりしてるっていう。で、渡部昇一さんがいたっていうなら、この二人が出てくるんなら、まあ、可能性はあるが。

質問者B　ああ。高いですね。

立花隆　渡部さんと論争をだいぶして、犬猿《けんえん》の仲にはなったんで。

質問者A　だいぶ論争されましたよね。

立花隆　それは、出てきて大川さんの味方をするっていうのは、ありえるシチュエーションではある。うん、それは。

質問者B　で、花田さんは非常にこう……。

立花隆　周りのいる人たちは、「おしっこの仕方まで克明に描《えが》けなかったら、霊言とは言えない」と言うし、「本物とは言えない」と。

質問者B　うん。でも、そういったシチュエーションにいたというのは、これは冷静に見ると、そこにいた人は、「誰の葬式だったか」というのは、立花さんであるのかないのかといったら、やはり、立花さんであるほうの可能性、確率のほうがかなり高いというのは、これは、立花流の証明方法でも言えると思うんですね、間違《まちが》いなく。そのことに関してはいかがでしょうか。

立花隆　なるほどねえ。まあ、仮説だけどね。仮説としては……。

質問者B　いや、有力な仮説として。

立花隆　一つの仮説だけど、まあ、確かに珍《めずら》しい仮説ではあるよなあ。大川隆法さんがそういう夢を見なきゃいかん理由はない。ないから、何も。仮説としては、まあ、ありえる仮説ではある。

「葬式《そうしき》なのに暗闇《くらやみ》って、どういうことだ?」

立花隆　ただ、周りが暗闇《くらやみ》だったというのがちょっと気になる。

質問者B　ええ、それも象徴《しょうちょう》的で。なぜ「暗闇」だったんでしょうね。

立花隆　葬式《そうしき》なのに「暗闇」って、どういうことだ?

質問者B　ええ。不思議ですね。

立花隆　おかしい。大勢の人がいるらしいんだけど、見えない。姿が見えないでしょ、二人以外は。

質問者B　はい。一般《いっぱん》的には、死後、「暗闇」というのは、あまりいい兆候ではないんですね。

立花隆　あんまりいい兆候ではない。

質問者B　ええ。実は、あまりいい兆候ではないんですね。これはお分かりだと思うんですけれども。

立花隆　いや、「涅槃《ねはん》」じゃないの？　それが。

質問者B　いえいえいえ。

立花隆　涅槃界、涅槃界。釈尊《しゃくそん》の言う涅槃界じゃない？

質問者B　いやいや、アウト・オブ・ボディで見ていたということは、魂が継続《けいぞく》して存在しているわけですから、その魂にとってあまりいい兆候では、実はないんです。

立花隆　釈尊の「涅槃」っていうのは、要するに、最後はもう人間としての意識も全部崩壊《ほうかい》してなくなって、尼寺《あまでら》みたいな、この薄《うす》暗闇のなかにぼんやりと、電気も通ってないようなところに存在するっていうこと。

質問者B　いいんですけれども、それは、南伝仏教のなかの間違っている部分であって。

立花隆　ああ。

質問者B　はっきり申し上げれば、仏教全体をしっかり学んでいただければ、それは、ごく一部にすぎないと分かりますので、そこに依拠《いきょ》するのではなくて。

要するに、アウト・オブ・ボディで出ていたということは、それを認識して見ていた主体としてのあなたがいらっしゃるので、それが、「その暗闇のなかにいた」ということが、何となく何を意味しているのかというのは、これは、たぶんご想像がつくのではないかと思うのですけれども。

立花隆　ええと、東大の仏教学者の……。

質問者B　中村元《なかむらはじめ》。

立花隆　（霊言で）中村元の本か何か出していたよなあ。

質問者B　出していましたね。

立花隆　あれでは、「まだ病院にいる」とか何か、「特別室にいる」みたいなことを言ってなかったっけな（『地獄《じごく》に堕《お》ちた場合の心得《こころえ》』『仏教学から観《み》た「幸福の科学」分析』参照）。何か読んだような気がするが。

だから、まあ、ああいう特別室じゃなくて霊安室にいるということかなあ。霊安室にいるけど、でもでも、まだ意識がかすかに……、微量《びりょう》にも意識がある……。

質問者A　でも、「葬式の場を見た」ということはですねえ……。

立花隆　ああ、そうか。

質問者A　ええ。病院ではないですから。

『地獄に堕ちた場合の心得』（幸福の科学出版刊）

『仏教学から観た「幸福の科学」分析』（幸福の科学出版刊）

立花隆　そうか。病院は……。そうか、病院じゃないのか。

質問者A　はい。

立花隆　葬式ねえ。

質問者A　しかも暗闇だったという話ですから。

立花隆　暗闇って、どういうことだろうねえ。

質問者A　やはり、「真理の光がない」ということですね。

立花隆　いや、私はね、だから、そう、「絶対無」を求めてるんですよね。絶対無、絶対無、絶対無。「絶対無」こそ真理と思ってるから。

質問者B　求めているのはいいのですけれども、現に「無」ではなくて「存在して見ている」ので、そういうご認識を……。

立花隆　困ったじゃないの！

質問者B　うん。

8　立花隆氏に欠けている「知的廉直《れんちょく》さ」について

渡部昇一《わたなべしょういち》氏を〝いかさま師〟と決めつける根拠《こんきょ》とは

立花隆　いやあ、私はいろんなものを研究してるから、それは別に、業績自体は否定されることではないけど。たとえ、「あの世」があってもね。その可能性が、「ない」とは書いてないからねえ、その可能性もあるし、「信じてる人もいる」っていうことはちゃんと言及《げんきゅう》してるから。

まあ、それを、一部にはそういう可能性もあることは、いろんなものを読めばね、(文献《ぶんけん》として)「古いもの」を読めば読むほど書いてあるけど、「新しいもの」になってくればなるほど薄《うす》くなってきて、〝珍《めず》しい体験〟になってきて。医者が霊《れい》体験なんかをしたりすると、まあ、珍しいけど、説得力があるよりは〝浮《う》き上がって〟しまって、業界から弾《はじ》き出されるようなことのほうが多いという感じかねえ。

質問者A　やはり、ご自身のなかで「嫉妬心《しっとしん》」があったり、あとは、たぶんジャーナリスティックにいろいろ取材はされているとは思いますけれども、かなりバイアスというか偏見《へんけん》があって、「事実誤認」があって、事実と変わっているところもあるかと思います。

というのは、先ほど、「渡部昇一《わたなべしょういち》先生と論争された」と言っておられましたけれども、例えば、渡部昇一先生の息子《むすこ》さんが出した本には、立花先生が、「渡部昇一はノイローゼになって入院した」とか「神経衰弱《しんけいすいじゃく》になって入院した」とか、そういう事実《じじつ》無根《むこん》のことを言って辱《はずかし》めたということで、ご遺族が非常に心を痛められていました。

身内の方が「そんなことは絶対になかった」と言っているにもかかわらず、ジャーナリスティックに書いたようにして、そういう、ただの悪口とか偏見が記事になっているものがある。あなた様が生前にそういうことをされていたということは、「同じような見方を、あの世に対してもしている可能性はある」ということはあります。

立花隆　いや、私の遺族だってね、「『立花隆は死んだら何もなくなると思ってるのに、立花隆は存在したかのように霊言《れいげん》を出す』ということは、遺族から見れば、故人に対する、もう絶大な名誉毀損《めいよきそん》だ」という考え方だってあるわけで。

「本人は涅槃《ねはん》に入《い》ったつもりでいるのに、完全に何もない世界に入ったつもりでいるのに、『存在する』っていうことは、『まだ涅槃に入れてない』っていうことになるから、これは故人に対する〝侮辱《ぶじょく》〟に当たる」っていうことだって、ありえるかもしれない。

質問者B　ちょっと話題を変えられてしまったんですけれども、今の渡部昇一さんの話に戻《もど》りますと、私もちょっとどうかなと思ったのは、批判されたときのお言葉のなかに、〝いかさま師〟という言葉を確か使われていたので……。

質問者A　（笑）

立花隆　ああー。まあ、それはそうだよな。

質問者B　あっ、「それはそうだよな」という……。あっ、そういう認識ですね。

立花隆　それはそうだ。田中角栄《たなかかくえい》とか渡部昇一とかは〝いかさま師〟だろうよ。

質問者A　いや、ですから、〝いかさま師〟と発するときのその気持ちの問題ですね。どういう気持ちでその言葉を口に出しているかということもありますよ。

立花隆　だから、「知的」と称《しょう》して「嘘《うそ》」だよ。「嘘」であって、そういう、論理的に緻密《ちみつ》な詰《つ》めができてないで〝直感的に飛ぶ〟からさ、だいたい、うん。

質問者B　それで、その嘘であることを証明できましたか。

立花隆　うん？　だから、子供時代におばあちゃんから聞いた話とか、そんなのが彼の発想のもとなんだろ？　それを見たら、だいたいインチキ度がよく分かるじゃないか。結局、山形の田舎《いなか》の人の考えなんだよ。

質問者B　はい、……という先入観ですね。

それで、結果的には、例えば、いろいろな政治家なんかですと、結果主義で見られますから、「その結果に関して最終的に国民《くにたみ》がどう思っているか」というところで判定が出るんですけれども、先ほど申し上げましたように、角栄さんに関しては、国民《こくみん》の彼を慕《した》う声はまだ消えないわけですよ。

ということは、やはり、それを〝いかさまだ〟というふうに言ったほうに判定ミス・判断ミスがあったのではないか、こういう気持ちは、正直、ありますね。

立花隆　いやあ、まあ、私が叩《たた》いた「政治とカネ」、みんな知ってたけどね。マスコミ人は知ってたけど、あそこまで科学的・実証的に攻《せ》めた人がいなかったから、あれで一つの道がついてね、それで、週刊誌は何十年も食べてこれたわけだからさ。

質問者B　それで、それが日本の政治をかなり崩壊《ほうかい》に導きましたね。多くの主要マスコミがなぜそれを書かなかったかというと、比較衡量《ひかくこうりょう》というのがあって、「お金」の部分はあるかもしれないけれども、「実績」もあるからなんですね。

要するに、〝いい面〟もありますので、両者を比較衡量したときに、バランスを持って報道していたというのが、立花隆さん以前の主要紙の政治部のスタンスだったと思うんですよ。

それをあなたが壊《こわ》してしまった。それが日本国の政治にどういう影響《えいきょう》を与《あた》えたかということに関しては、かなり、カルマといいますか、悪い影響が残っているようには見えますので。そういったことなども、やはり、先ほどの「暗闇《くらやみ》」の理由の一つを構成しているようには思うんですね。

立花隆　ロッキード事件のやつも、何か、「アメリカからの証言、日本で反証できないような証言を採用したということが憲法違反《いはん》だ」っていうようなことを、こればっかり繰《く》り返し、渡部昇一は言っててさ。

質問者B　でも、それは「憲法的に正しい主張」ですよね。

立花隆　まあ、最高裁もそれは認めたのかもしらんけど。

質問者B　認めましたよね。

立花隆　だから、やつの周りが……。だいたい東大嫌《ぎら》いだからね、彼はね。だから、小室直樹《こむろなおき》だとかさあ、大川隆法とか、日下公人《くさかきみんど》とか、数少ない東大卒をかき集めてさあ、何とか〝飾《かざ》ってた〟んじゃないのかな、うん。

質問者B　いや、あなたは、違憲行為《こうい》、憲法違反行為に関して、それを最高裁にまで上げて正した行為をなした人を〝いかさま師〟と呼ぶ理由として、「(渡部昇一さんが) 田舎のおばあちゃんの言葉を引用しているから」と言っていますよね。

でも、これを比較衡量してみると、「田舎のおばあちゃんの言葉を引用しているぐらいだったら、そういうことをするぐらいだったら、憲法違反を改めた業績は認めない」というこの価値判断、これはいかがなものでしょうか。

立花隆　いや、最終的には、だから、「人間的に好きか嫌いか」の問題なんじゃないの？　田舎者は田舎者が好きだっていうことで、「山形の人は新潟《にいがた》の人を好きだった」っていうだけのことだろ。

質問者B　要するに、「好き嫌い」で判断をしたということですね。

立花隆　うん、うん、うん、うん。

質問者B　それが「知的巨人《きょじん》」の態度でしょうか。

質問者A　それでは、「知的謙虚《けんきょ》さ」とか、「知的廉直《れんちょく》さ」とか、「知的正直さ」とか、このあたりがちょっと「部分的にない」ですね。

立花隆　いやいや、私なんかが言ってることは、十分、テレビとかの……、や週刊誌なんかの、まあ、〝御本尊《ごほんぞん》〟になってるわけよね。〝御本尊〟だから。

質問者A　あなたがマスコミの〝御本尊〟になっていると？

立花隆　うん、〝御本尊〟なんで、ええ。ここから、〝御本尊〟から光をもらって、みんな活動してるわけだから。

質問者A　ただ、田中角栄さんは、霊として、「おまえの最期《さいご》はひどいものになるぞ」ということをあなたにおっしゃったと……（『本当に心は脳の作用か？』参照）。

立花隆　あっ、そんなこと言ってるの？　ふうーん。

質問者A　いや、霊言に書いてありますけれどもね。

立花隆　うーん……、まあ、（田中角栄のような）ああいう人は信仰《しんこう》があるだろうね。信仰深いんだろうね、たぶん。

立花隆氏は、これからどのような世界に行くのか

質問者B　率直《そっちょく》に申し上げますと、「お葬式《そうしき》の場面が非常に暗かった」というのは、非常に象徴《しょうちょう》的かつ重要な意味を持っていまして、「考え方の改め」というものがないと、これは、ややというか、非常にまずいことになることを表しておりますので。

立花隆　うーん……。チッ（舌打ち）。

質問者B　それで、これがちょっと今、質問者Aなりが、いろいろな角度から申し上げたことの「結論」になるんですね。

立花隆　まあ、正直言って、両親とも、なんかちょっと、うーん、なんかねえ……。

質問者A　ご両親？

立花隆　何だろう。違《ちが》う世界にいるような感じの、話が合わないような、分からないような感じの、なんか……。

質問者A　両親は、やはり優《やさ》しい方だったのですか。

立花隆　うーん……、まあ、いろいろ取り方はあるけどね。成績がよけりゃほめてくれるぐらいの感じだけどね。

質問者A　でも、ご両親とは「違う世界」に行っている感じは分かるんですね。

立花隆　なんか、でも、なんかねえ、〝額縁《がくぶち》の世界〟にいるような感じ。

質問者A　えっ、何の世界？

立花隆　額縁。

質問者A　〝額縁の世界〟？

立花隆　あっちは「死んだ人」だから、〝額縁に入って葬式のあれに出てるような感じ〟のように見える、あっちはな。

質問者A　しかし、今、あなたは仏教的に言うと「四十九日《しじゅうくにち》」を越《こ》えましして、そろそろあの世での行き場を決めなければいけない時期が来ています。

立花隆　ああー。

質問者A　それで判定が下《くだ》ります。その、今ギリギリのところで、まあ、三日前に（あなたが）大川隆法総裁先生の夢に現れて、その問題意識が出てきたのだと思います。そして、その後、訃報《ふほう》の全国報道があり、今日があります。

立花隆　いや、だから……。

質問者A　この一連の流れには、何か非常に「蜘蛛《くも》の糸」的な救いの面もあると思いますけれども。

立花隆　もしもだよ、大川隆法が、もう、「仏陀《ぶっだ》だ」と、「（仏陀の）生まれ変わりだ」とかいうのだったら、私が〝ソクラテスの生まれ変わり〟ぐらいでないと釣《つ》り合わないわけだよ。そのくらいの感じでないとね、うーん。それだったら、だいたい格は一緒《いっしょ》ぐらいだからね。似た感じだからなあ。

質問者A　格の問題ですか。

立花隆　いや、だから、それはまあ、「文Ⅰと文Ⅱの違い」はそんなもんだよな。

質問者A　文Ⅰと文Ⅱですか（苦笑）。どうしても、すごく〝この世的〟になりますね。

質問者B　先ほどのAＩと電脳空間の説明が、これが「ソクラテスの言行録《げんこうろく》」になるかといったら、これはやはり、ちょっと厳しいものがありまして。ですので……。

立花隆　いやあ、困ったなあ。

まあ、ソクラテスが説いたっていうのは本当かどうか知らんが、プラトンが「ソクラテスが語った」として書いてるやつは、もうあの世の話がいっぱい書いてあるからさあ。あんなやつ、今、現代の哲学者《てつがくしゃ》は全然、信じてないからさ。うん。

現代の哲学者は数学とか記号論理学とか、そんなのばっかりいっぱいやってて、あの世界に入らないからさあ。過去のものだと、みんな思ってるから。だから、そういうのは書かないよなあ、うーん。

質問者A　でも、あなたは『臨死体験』という本も書かれて、上下巻の本当に厚い本を出されましたけれども、徹底《てってい》して臨死体験の研究をした結果、「臨死体験について、実際に魂《たましい》が肉体から出て体験しているのか、脳内の現象によるものなのかはよく分からない」という結論が、最後のほうでありました。

「魂や死後の世界があるかどうか分からない」から始まり、「どちらでもいい」という結論になっているので、ソクラテス的な業績とはちょっと違うと思いますね。

立花隆　でも、（死去の）「ニュースが全国的に流れる」っていうことは、やっぱり、そのくらいの知名度っていうことだろうが。

『臨死体験』『宇宙からの帰還《きかん》』の前提にある思想とは

質問者B　まあ、ちょっと、この世的な知名度の部分は置いておきまして、「臨死体験」の一連の本を見たときに、あるいは研究を見たときに、私も含《ふく》めて、たぶん、途中《とちゅう》まで期待されていた方はけっこういらっしゃったと思うんですよ。というのは、

「あの世の世界が存在する」という可能性に関して、正直、決して否定はされていなかったし、そちらのほうにちょっと仮説を立てて探究してみようかなという雰囲気《ふんいき》、素振《そぶ》りも、まにまに見えてはいましたので。

それで、そちらに行かれるのかなと思って見ていましたら、最後の〝第四コーナー〟を回ったところでどんでん返しされてしまって……。

立花隆　いや、それがNHKの方針を決めたんだよ、基本的な方針をね。だから、（霊界《れいかい》が）ありそうな……、そういう層をね、国民の大部分を取り込《こ》まなきゃいけないから、受信料を取るためには。だから、そういう〝信じてる層〟も取り込まないといかんから、それらしいのも匂《にお》わせつつ、最後は科学的でなきゃいけないから、中国とも仲良くやっていけるところに結論を落とさなきゃいけないっていう方針が決まったわけだよ。それ、〝私〟の、その〝御本尊〟の、話により。うーん。

質問者Ａ　これはもう、あの世に還《かえ》ったときに、あとで判定が来るときに厳しいですよ。

質問者B　まあ、これ、ある種の〝お白洲《しらす》〟と言っては失礼ですけれども、今の一言《ひとこと》は、霊界の〝裁判所〟における証言としては、ちょっとかなり重い……。

立花隆　うーん……。

質問者B　要するに、「国民的に騙《だま》した」ということになりますので。

立花隆　「騙した」って、これ、賢《かしこ》い人間が愚《おろ》かな人間に対して、自分の考えを述べてるだけなんだから。

質問者B　いやいや、いや、では、「騙す」といいますかね、ちょっと価値中立的に申し上げますと、要するに、「『ない、存在はしない』と思っていたんだけれども、『存在した』という可能性を残しておくほうが視聴率《しちょうりつ》を上げられるので、とりあえず、そちらのほうも言ったけれども、実は最初から結論は『存在しない』ほうへ持っていくつもりでいた」ということを、今おっしゃいましたからね。

立花隆　だから、田舎のじいちゃん、ばあちゃんもいるからね、それは観《み》てる人には。

質問者A　それは、かなり確信犯的な行為で、ちょっと悪質ですね。

質問者B　これは、ちょっと〝罪の重い〟話にはなるんですよ。

立花隆　うーん……。いやいや、理解を示してやっただけであって、私がそれを信じてるわけでないっていうだけのことですから、うん。

質問者A　やはり、根底《こんてい》には、唯物《ゆいぶつ》的な思想がかなり強いですね。

立花隆　まあ、勉強すればそうなるんであって。私は、東大の、まあ、九十五パーセント以上は私と一緒だと思うよ、本当に。

質問者A　ただ、『宇宙からの帰還《きかん》』の本を出されたとき、エドガー・ミッチェル氏とか、いろいろな宇宙飛行士の体験談を出してきて。

立花隆　ああ、「宇宙から帰ってきて、神を信じたりするような人が増えた」とか。

質問者Ａ　ええ、そうそう。「宇宙から帰ったら神を信じる人が出て伝道師になった」とか。

立花隆　そう、そう、そう。

質問者Ａ　ご著書に書いてあったじゃないですか。

立花隆　いや、それは、「その人がそう言ってる」という。

質問者Ａ　それを見て、「すごいなあ。立花隆さんという人は、こんなに宇宙の神秘も科学的に探究しながら、同時に、神の存在を認めた精神性の深い言論もされて素晴《すば》らしいな」と思っていたんですけれどもね。

質問者B　では、あのへんも全部〝飾り〟だったということですか、今のお話ですと。

立花隆　うーん……、まあ、そりゃあ、「迷い」はあったけどね。だけど、釈尊《しゃくそん》とかが、そう、いくら何を言っても、現代の宇宙飛行士のほうが現実はよく知ってた。宇宙まで行ってたわけだからねえ。

だから、やっぱり（釈尊は）〝古代の人〟であって、現代は、現代人のどの人を取っても、一定の……、まあ、一流大学卒以上の人だったら、昔の古代の二千年、三千年前の聖人君子《せいじんくんし》や哲学者、智者《ちしゃ》といわれる人よりも賢い。現代の知識人は「全部、賢い」というのが私の前提だから。

9　はたして死後の世界は「虚無《きょむ》」だったのか？

「まだよく分からんが、今の気分は六・四で……」

質問者B　ずっとお話を伺《うかが》っていて、正直、かなり〝揺《ゆ》れて〟おられる感じに見えるんですよ。ときどき、「やはり、『あの世の世界はあるのかな』というほうを探究しておかないと、ちょっと怖《こわ》い」といいますか、そういったとても正直なところと……。

立花隆　うーん……。

質問者B　われわれがそこに突《つ》っ込《こ》んでいくと、「いや、いや、いや」と言って、いろいろな知識を防衛ラインとして前に出してきて……。

立花隆　いや、いろいろ〝読んで〟ますからね。それは、読んではいますから、うーん。

質問者B　でも、やはり、ちょっと考え方が振《ふ》れているといいますか、「迷いがある」という。

立花隆　精神医学とかだったら、それは私のほうに近いはずですからね、基本はね、うん。

質問者B　まあ、それはいいんですけれども。話は戻《もど》りますけれども、霊的《れいてき》には「葬《そう》式《しき》を見ていた自分」がいるんですよ。

立花隆　うーん……。

質問者B　そのことに関しては、もしそれが事実だとしたら、「そこが暗い世界だった」ということは、これはちょっと「怖い結論になる」というのは、これは十分、知識としてお分かりだと思うんですが。

立花隆　いや、これはね、気をつけないと、何か、今後、文科省の教育、ねえ？「小・中・高から大学」の教育の中身にも関係することなので。

質問者A　そうですね。大きな判断ですよ、これは、教育の未来にもかかわりますので。

立花隆　ええ。そういうのは（霊的世界は）「ない」ことを前提に、今つくってるから。

質問者A　今日のタイトルも、「『知の巨人《きょじん》』のその後――世界は虚無《きょむ》だったか――」というふうに大川隆法総裁先生は立てられまして、死後、「世界は虚無だったか」という問いなのですけれども、「虚無ではない」感じがしますね、この百分ぐらいの話をずっと聴《き》いていますと。

立花隆　まだよくは分からんが、うーん……、今の気分は、そうだなあ、「六・四」

ぐらいかな。

質問者A　えっ、どちらが六ですか。

立花隆　うーん……、「六・四」ぐらいで、まあ、「もしかしたら死後の生命があるのかなあ」っていう気持ちが……。

質問者A　あっ、あっ、あっ。

質問者B　「あるほうが六だ」と？

立花隆　六ぐらいで、「これは、やっぱり幻影《げんえい》かな」と思うのが四ぐらいかな。

質問者B　「六ぐらいある」と？

質問者A　おおー！　だいぶ〝いい感じ〟になってきました。

〝今、霊言《れいげん》をしている自分〟を認識し始めた立花隆氏

質問者B　いや、これはけっこう重要で、あの世や霊魂《れいこん》を信じる気持ちが五十一パーセント以上かどうかというのは、あの世に行ったときに決定的に重要になりましてね。

立花隆　いや、知識としては、宗教のも知ってはいるんだよ。君らが組み立ててくる議論は知ってはいるんだけど、やっぱり、現代人の常識的にはそこは飛び越《こ》えられないところだからね、どうしてもね。

だから、ソクラテスは何に基《もと》づいてあんなことを、霊魂の話をしたんだろうと。やっぱり、そのデータがないじゃないか、「資料はなし」でやるからさあ、彼は。

質問者A　ですから、「資料のない」ところでのことなんです、大川隆法総裁先生が最初に言われた「ひらめき」の部分というのは。

立花隆　チッ（舌打ち）。

質問者A　渡部昇一《わたなべしょういち》先生が言われるのも、直観とか、そういうところにもう一歩のものがあるのではないかという。

立花隆　いや、渡部昇一みたいなバカがいくら本を集めたって、それは、バカはバカなんだよ。

質問者B　いやいや、いちおう……。まあ、ちょっと……。

立花隆　それ以上、賢《かしこ》くならない。

質問者A　ああ、まあまあ、渡部先生は置いておいて。すみませんね、これは。

質問者B　うん、ちょっと置いておいて。立花さんの立場の場合は、先ほど申し上げた、あの世や霊魂を信じる気持ちが四十九パーセントになった場合には、立場的に、お仕事的に、ストーンといちばん暗いところまで堕《お》ちていきますので、これが五十パーセントを超《こ》えているか超えていないかというのは、決定的に重要なんですよ。
ですから、ちょっとその観点から……。

立花隆　いやあ……、いや、それはね、（質問者Bに）でも君ねえ、少なくともさあ、「東大経済学部を出て通産省に行った」という現代の日本の〝表側〟にいた人間がそれを言うっていうことは、価値観をねえ、逆転させることで。だから、君は、それは〝倫理違反《りんりいはん》〟だよ。

質問者B　いや（笑）。

立花隆　それだったらね、いいかい？　そういう「あの世」だとか「霊魂が飛んだ」とか「火の玉が飛んだ」「UFOが飛んだ」っていうのを書くのはスポーツ紙の記者であって、五大紙はだいたいそれは書かないし、メジャーの東京キー局のテレビはやらないで、そういう変なところばっかりがやるわけだからね。

質問者B　それで、今、ご自身が、その切り分けがもしかしたら間違《まちが》っているんじゃないかというふうに、心のなかでちょっと思い始めている、という。

立花隆　だって、まあ……。だから、あの世を科学できないじゃないか、だから。

質問者A　いや、ただアメリカもロシアも、先進国のところでは、そういう目に見えない世界の科学研究とかもかなり予算をつぎ込んでやっています。それは、「まったくない」というふうに百パーセント否定してから研究をしているわけではなくて、「あるかもしれない」という〝可能性の探究〟という意味で、あるいは、「科学は未知なるものの探究である」という意味でやっているわけですね。

ですから、あなたのほうが〝ものすごく後進国的な考え方〟をされている可能性もゼロではありませんよ。

立花隆　いや、まあ、それは「大川隆法氏が、やっぱり、私たちの拠《よ》って立つところを壊《こわ》す最大の障害になるかもしれない」っていうこと自体は分かってはいたけど……。

質問者A　ああ、そこですね、やはり。

立花隆　いずれ、ちょっとだけ流行《はや》ってまた消えていくものが多いから、そういうふうになるんでないかなあと思っていたけど、意外に粘《ねば》ってるなあっていう感じはしてはおりますが。

質問者Ａ　でも、今、お気持ちが「六・四」まで来ていますからね。

立花隆　うーん……。

質問者Ａ　「六・四」で、「霊的世界があるかもしれない」というのが「六」。

立花隆　まあ……。

質問者Ｂ　それで、その「六割」と思われた、まさに直感は何だったのでしょうか。

立花隆　(『本当に心は脳の作用か？』を開いて) いやあ、少なくとも、これを読んだときは、まあ（笑）、「書こうと思えば書け……、情報を集めりゃ書けないことはないだろう。自分だって書けるかな」という気持ちもちょっとあったことはあったが、これは守護霊《しゅごれい》だろ？

質問者A　はい。

立花隆　だから、守護霊、うーん……。今しゃべってるのは守護霊ではないのかなあ。

質問者A　ご自身ですね。

立花隆　うん、だから、まあ、脳のほうは使ってはいるんだけど、言語中枢《ちゅうすう》は使っているけども、〝大川隆法ではない〟ような感じもすることはするから……。

質問者A　あぁー。

質問者B　そうですよね。

立花隆　うーん……、やっぱり、まあ、こういう現象はね、チャネリング現象は全世界にあるからね。報告されてるし過去にもあるから、否定してるわけではないけど、科学的に実証することはできない。だから、これと詐欺師《さぎし》とのその境目が分かりにくいよな。

質問者B　それで、今、ご自身が体験したことによって、まさに科学的に実証されたんではないですか。「どうも違うものがあるらしい」と。

立花隆　うーん……。だけどさあ、「あの世がある」とか「私は霊です」とか言ったら、「それは立花隆でなくて、それがフェイクだ」って絶対言うよ、世間《せけん》は。

質問者B　ええ、それは、そういうふうに言う人もいらっしゃるでしょうけれども、「ああ、よくぞ言ってくれた」というふうに言ってくれる人も国民の半分はいらっしゃるわけで……。

立花隆　ああ……。

質問者B　まあ、どちらに未来があるか、あるいは、自分の未来がどちらにあるかというところですよね。

自分の霊言《れいげん》は「話が全然進んでいない」ことを認め始める

立花隆　とにかく、私の議論は進んでないね、どうも、自分で見て。

質問者A・B　（笑）

立花隆　なんか全然進まない。全然進んでないね。

質問者B　それは非常に鋭《するど》い指摘《してき》だと思います。

立花隆　それは分かる。

質問者A　（笑）それは分かるんですか。

立花隆　いや、ほかの人の霊言《れいげん》っていうのは、なんか、いろいろ話が進むみたいだけど……。

質問者A　これ、けっこうな壁《かべ》ですよ、今。

立花隆　「私、全然進んでないな」っていうことだけは分かるなあ、何となく。

質問者A　分かる？　分かりますか。分かっていただけますか。

立花隆　同じところだけで回ってる。

質問者A　〝グルグルグルグルグル繰《く》り返している〟感じはありますね。

立花隆　うん。それは自分でもちょっと分かる。分かるけど、生前の生活っていうか、仕事のスタイルがね、「何か材料がないとできないスタイル」だったからさあ。だから、何に基づいて言えばいいのかが分からない。

質問者B　ですから、今、ご自身で探究したりとか探訪したりとかいう意味で、まさに〝取材〟ですよね。今、〝取材〟されているわけです。

立花隆　だから、幻影と思ってたが幻影では……、「幻影」と「幻影でないもの」をどうやって見分けたらいいのか教えてくれないと、「それは本物です」とか言ってくれれば分かるが、「本物か、幻影か」が分からないので。いろんなものが見えたり聞こえたりするけどさ、こっちでも。

質問者B　ですから、基本的に、今、ご覧になっているもので、こうやって言葉にできるということは、やはり「内容に筋《すじ》がある」わけですよね。

ですので、これは、一つの客観的な存在と見て、そして、取材できる対象、資料として見たときに、「それを研究していく、分析《ぶんせき》していく」というかたちで、これは極《きわ》めて科学的な態度になるわけですから。

立花隆　だから、まあ、トンネル……、「光のトンネル体験」とか、「草花《くさばな》が咲《さ》き乱れるあの世」とか、「三途《さんず》の川」とかは、いっぱい描写《びょうしゃ》したからねえ。それで、「そのまま、あの世へ行けます」って言ったら、喜んだじいさん、ばあさんは、いっぱいいただろうけどさ。それに対して、またちょっと〝懐疑《かいぎ》のメスを入れた〟から、うーん……。まあ、私も迷ってはいるのかもしらんが、うーん……。

じゃあ、現代哲学《てつがく》はいったい何だったんだ？　だから、ソクラテスが正しかったのなら、もうそれ以上、進んでないじゃないか。

質問者B　ええ、そうです。まさに「現代哲学は何だったのだ」というのが……。

立花隆　うーん、まあ、だから、何にも進んでないじゃないか。

質問者B　ええ。

質問者C　知的探究というのは、白紙の立場でやらないといけないのではないでしょうか。

立花隆　「白痴《はくち》」？

質問者C　「白紙」です。

立花隆　ああ、「白紙」。

質問者C　ええ。「前提」とか「偏見《へんけん》」とかを持っていると、真実とは違って見えますよ。

立花隆　いやあ、いやあ、君たちに申し訳ない。〝全然進んでない〟ことだけは認める。それはそうだと思う。

質問者A　なるほど。

立花隆　〝堂々巡《どうどうめぐ》り〟してることだけは分かるけど、まあ……。

質問者A　「自分で分かって」というのは非常にいい傾向《けいこう》です、ご自身が自分のことを「理解できる」というのは反省的になっているということですから。

この先に行く世界について不安を感じ始めた？

立花隆　いやあ、何か「洞穴《ほらあな》のたとえ」みたいなもので、「洞窟《どうくつ》に光が後ろから当たって影《かげ》が映っていて、自分は鎖《くさり》につながれていて、その影だけを見ている」っていう、あのプラトンの比喩《ひゆ》みたいな感じで、その影絵を見ていて、後ろを何か通行してる人とかがいるらしいけど、それが、何て言うか、「映画の現象をプラトンが書いた」といわれてるけど、何かそんなような感じで、影絵みたいなものを見て判断していて……。

質問者B　ああ、なるほど。

立花隆　後ろ側は何が起きているのかを判断しなきゃいけないのは……。そんなような感じなんだよ、今。

質問者B　ああ、では、「やはり、プラトンは正しかった」という……？

立花隆　うーん……。まあ、比喩だけどね。

質問者A　では、今、比喩が実感として感じられてきたと？

立花隆　まさか、あれがそのまま通用するとは思ってなかったがね。

質問者A　ああ……。

立花隆　もしや、わしが動物に生まれ変わるなんてことはないだろうな？

質問者Ａ　（可能性は）ゼロではないですけれどもね。

質問者Ｂ　気をつけないと……（笑）。

立花隆　ええ？

質問者Ａ　いや、ごく稀《まれ》なケースで……。

質問者Ｂ　動物かどうかはあれですけれども、ちょっと隔離《かくり》されたりとかすることも、そう遠くはないので、われわれも本当に老婆心《ろうばしん》ながらといいますか……。

立花隆　嘘《うそ》つきなら狐《きつね》か狸《たぬき》だろう、生まれ変わるとしたら。そういうことになるだろう？

質問者Ｂ　それは、もしかしたらそういうこともあるかもしれませんが、可能性はゼロではないので。

質問者A　でも、このままいくと、仏教で言うと、「無間地獄《むけんじごく》」といいまして、かなり思想的に間違えた者が行く……。

立花隆　ああ……。

質問者A　人間として史上最低の世界に行く可能性が、今、高くなっています。それか、もしくは、切り替《か》えれば、もう一回、光の世界に……。

立花隆　いや、宗教なんか信じられないんだ。イスラム教で見りゃあ、釈尊《しゃくそん》とかさあ、もう、あんなのもみんな地獄を這《は》いずり回ってることになってるからさ。うーん、そういうふうになってるし。イスラム教でなかったのかな、ああ、あれは違う。ああ、『神曲《しんきょく》』だ、うん。『神曲』では、もうね、マホメットも地獄へ行ってるんだ。

質問者A　でも、もしかしたら、心を開けば、「過去世《かこぜ》」といいまして、「過去の転生《てんしょう》の記憶《きおく》」というものがございまして、それに目覚めるかもしれません。（あなたの）

魂《たましい》のきょうだいである守護霊が話されているものが本になっております（『本当に心は脳の作用か？』参照）。

ですから、そういう方々もいらっしゃるし、もしかしたら、そういう「過去世の記憶」で信仰《しんこう》した経験というものも甦《よみがえ》ってくるかもしれません。

立花隆　ああ……。

質問者Ａ　例えばイスラム系とか。分かりませんけれども、何かそういうイスラム系の魂が目覚めれば違う認識が……。

立花隆　でも、坊《ぼう》さんをやってる人でも、現職の坊さんをやってる人でも、私みたいな人はいっぱいいる。多いからね、けっこうね。

質問者Ａ　そこを、もう一回、そうした〝新しい知の世界〟を入れて見てみると、「違った自分」が見えてくる可能性もありますので。そうでないと、もうなかなか……。

立花隆　うん、もう進まない。

質問者A　四十九日《しじゅうくにち》を越えて、かなり時間がかかってしまっていますから。

立花隆　もう、いやあ、それは申し訳ないと思ってる。時間を使って、全然進んでないなということだけは分かる、私も。だから、もうちょっとストーリーテラーの能力がないことに対して、たいへん申し訳ないです。

だから、もう、もしストーリーテラー的能力があれば、スティーヴン・キングみたいな世界をしゃべらなきゃいけないんだろうけど、そんなに能力があまりないもので、残念ながら、うーん。だから、世界を描写できないでいます、今。

10　執着《しゅうちゃく》を捨て、改心できるのか

立花隆氏が「重い、重い、重い」と語るものとは

質問者A　だから、一回、心のなかでつかんでいる「材料」を全部捨ててしまったらいいんですね。「断捨離《だんしゃり》」ではないですけれども。

立花隆　うん。まあ、重いは重いですね。何か、重い、重い、重い。〝すごい重い〟ですね。

質問者A　それを捨ててしまって、もう一回、今、質問者Cが言ったように、白紙で、もう、全部、〝新《さら》の状態〟で……。

立花隆　生前学んだものや集めたものが重くて重くて……。なかなか捨てられないか

ら。分からないんだよね、どれを捨てればいいか。全部捨てないといけないのかなあ。分からないけど。

質問者A　全部ですね。

質問者B　もう全部捨てればいいと思うんですが。

立花隆　全部捨てれば……。

質問者B　握《にぎ》っていますと、ズズズズズズズーッと、本当に下のほうに……。

立花隆　いやあ、浮遊《ふゆう》……、浮揚《ふよう》感っていうか、浮遊はないよ、ほとんどね。一見、一度、トンネル体験のように、出たような気はしたが、そのあとは、やっぱり、ある程度の広さの何か「暗闇《くらやみ》」のなかにいるような感じはするから。

質問者C　仏教的には「執着《しゅうちゃく》」といいますよね。

立花隆　執着は、まあ、それは……。

質問者C　ご存じだと思いますけれども。

立花隆　それは知ってる。知ってる、知ってる、うん。知ってる。

質問者C　はい。だから、自分が学んだこと、収集した情報、そういうものにとらわれて、それと〝一緒《いっしょ》に沈《しず》んで〟いっているわけです。

立花隆　「ガラクタ」か。

質問者C　ええ。だから、それを捨てたらいいです。

立花隆　まあ、それは可能性はあるけどな。「ガラクタは多い」とは思っていたけどね、それは確かに。〝古本屋のおやじ〟みたいなところはあったからさ。

質問者A　気持ちはよく分かります。

質問者C　それを捨てて出てくるのが、本当の自分、本当の自分の体験……。

立花隆　ああ。

質問者C　真実、真理ですよ。

立花隆　まだよく分からんけど、まあ、とにかく、私の立場が、君ら、「地獄《じごく》だ」って言っているの？　もしかして、これ、「地獄に行った」って言っているの？

質問者A　まあ、「地獄に行く可能性が高い」ということですね、もう。

質問者B　いや、そういうことですよ。地獄です。

立花隆　まあ、分からないけど、まあ、もし……。

質問者A　だって、結局は、霊《れい》を、霊的な作用を、一切《いっさい》否定していますから。

立花隆　いや、いや、〝コールタール〟みたいなのが、「暗黒」と言やあ、まあ、「地獄」なんじゃないの？　普通《ふつう》、これ、知識的によれば。

質問者A　知識的に言えば、はい。

立花隆　ああー、それはまずいな。もしそうであれば、救ってもらわなきゃいかんわけだから。

質問者A　ぜひ……。「三日前に夢を通して来られた」ということは「救いの糸」が出てきたということでしょうから。

立花隆　だけどまあ、救える可能性があるのは、確かに大川隆法総裁しかいない。まあ、それはそのとおりだけれども。だけど、私のほうが〝年上〟だからね、まあ、そう簡単に……。

質問者A　いや、だから、それは仏教学者の中村元《なかむらはじめ》の霊も言っていましたけれども。「自分より年下の仏陀《ぶっだ》はいない」と、「それが認められない」と言っていましたよ。

立花隆　後輩《こうはい》に帰依《きえ》するのは、ちょっと、なかなか……。それは無理だよ。

質問者C　この世的なことは全部捨てないといけないですね。

立花隆　ああ、ああ、そうか。

質問者C　年齢《ねんれい》とか出身地とか。

立花隆　この世的か。

質問者C　ええ。

立花隆　そうか。そういう言い方になるか。

質問者C　その学歴とか。もう全部捨ててください。

質問者A　そうですね。そこも捨てるべきところですね。学歴とかも捨てるところですね。

立花隆　うーん。

質問者C　心一つ。

立花隆　そんなのを言っていたら、文科省でさあ、君らの大学を認可しなかったやつら、みんな地獄行きになるぞ、きっと。

質問者B　このままいったら、そうなるでしょうね。

立花隆　それは大変なことじゃないか。

質問者B　まあ、しょうがないですよ。

立花隆　日本の教育が間違《まちが》っている。

質問者B　「ご破算《はさん》に願いまして」は、しないといけないので、まあ、それはしょうがないんですが。

質問者A　そうですね。歴史的に見ても、新しい知の地平のようなものを拓《ひら》くときには、必ず反対や障害が出ますからね。

質問者B　そこまでは立花さんが別に責任を感じられる必要はないと思いますので、まずはご自身のことを……。

立花隆　文藝春秋《ぶんげいしゅんじゅう》と新潮社にも、君らは、何か、ちょっと〝呪《のろ》い〟をかけているらしいじゃないか。

質問者B　いや、因果《いんが》の理法《りほう》で働いていくと思いますけれども、そこも、別に立花さんが責任を感じられる必要はないことですから。まず、ご自身としてどうかというところで考えていただいて。

立花隆　まあ……。まあ……。

「知の巨人《きょじん》」といわれることへの反応に変化が……

質問者C　あなた自身の選択《せんたく》で、あなたの未来は変わります。

立花隆　いや、分からないのよ。だから、まあ、一年後に、もう一回（私に）訊《き》いてくれ。

質問者Ａ　いや（苦笑）、それは「縁《えん》があるかどうか」で……。まあ、今の心境では問題がありますけれども。

質問者Ｂ　この一年、けっこうきついですよ。

立花隆　あっ、本当？

質問者Ｂ　かなりきついと思います。

立花隆　ふーん。

質問者Ａ　先ほど話を聞いて……。

質問者Ｂ　そう。それで、すごく、慈悲《じひ》の心でといいますか……。

立花隆　いやあ、いやあ、いやあ、今、言えば言うほど、頭から背中に向けて、何か重いもの、網《あみ》みたいなものに、本だか何だか知らんけど、いっぱい入っていて、背負っている感じで……。〝重くて重くてしょうがない〟ので、上がれないよ、これじゃあ。

質問者A　だから、知的なもののガラクタのようなものがいっぱいあったから、それが溜《た》まってしまって、病気になってしまい、死後、同様に重い状態になっていると。

立花隆　いや、君も〝仲間〟じゃないの？

質問者A　けっこう近いと……（苦笑）。いやいや、人のことをあまり……。

立花隆　ねえ。危ないんじゃない？

質問者A　人のことは言えないんですよ、私も。

立花隆　危ない、危ない。危ないじゃないか。

質問者Ａ　ええ。だから、まあ、そうなる前に救っていただいたのがあるんですが。だから、やはり、自分で今の状況《じょうきょう》を自己客観視して、「これはまずいなあ」と思ったら、救いを求める心も大事です。

立花隆　（死後に見た世界には）少なくとも〝菜の花畑〟はないよ。

質問者Ａ　すでに三日前に、訃報《ふほう》の全国報道がある前に、もう夢のなかで大川隆法総裁先生のところに現れて、救いのシグナルも出しながら、そして、〝蜘蛛《くも》の糸〟のように今なっているわけですから、あとは、それをつかむ努力ですよ。

立花隆　ほんと、この世は、ほんとさあ、「何の注射を打って、何の薬を飲んで、おしっこはどうしていて、おむつはどう替《か》えていた」とかさあ、そんな話を全部確認して、整合性がなければ信じない人たちばっかりになって、こういう人たちを教育でつくっているからさあ、現実にさ。マスコミも、そういう〝つつき方〟で調べるからさ。

だから、それは、「全部説明できなければ信じない」っていう立場なんだよな。

質問者B　まあ、そういう人たちはいるんですけれども、そういった立花さんが、その背負っているものを捨てる姿を見せると、そういった人たちに「一転語《いってんご》」を与《あた》えるんですよ。

質問者A　〝大きい仕事〟になります。

立花隆　いや、今はまだ無理だわ。

質問者A　いやあ、でも今回の霊言《れいげん》での意識の変化でかなり時間を縮めました。

立花隆　うーん。まあ、ちょっと、さすがに無理よ。

質問者A　今のこの百分間で、グーッと縮まりました、時間が。

質問者B　ただ、立花さん、この〝功徳《くどく》〟はけっこう大きくて、もしかしたら、逆転ホームラン・クラスの功徳になるかもしれないのです。

立花隆　うーん。でもねえ、ニュースで「知の巨人《きょじん》だ」なんて、よく書くねえ、恥《は》ずかしげもなく。いや、私だって恥ずかしいよ。そんなにやるか？　ねえ？「知の巨人」みたいに。

質問者A　「あの猫《ねこ》ビル、あの細く長い、ペンシルビルのようなところに秘書お一人だけを雇《やと》って……、膨大《ぼうだい》な情報からの分析《ぶんせき》をまとめたレベルの著作百冊のアウトプット」が創造性という面から見て、はたして「知の巨人」かどうかは……。

立花隆　いや、パンダには双子《ふたご》の赤ちゃんが生まれたんだって？　そちらのほうが〝大ニュース〟じゃないかなあ。私が死んだことなんかニュースにならないよなあ、ほんとは。「無」に還《かえ》っただけなんだからさあ、ほんとに。

「あるのは知っている」と何度も述べる立花隆氏

質問者A　だんだん収録時間も少なくなってきましたけれども、本当に、「もうひとつ、ご自身の飛躍《ひやく》として、目に見えない世界や、これからまだ分からないような未知なる世界への飛躍を少しお持ちいただくと、ずいぶん運命が変わってくる」という、お二方の質問者が言っているとおりですけれどね。

立花隆　まあ、大川隆法氏の言っていることが、ＮＨＫとか民放の表《おもて》の番組でゴールデンアワーの時間帯に流れたり、新聞の一面に「大川氏はこう発言」っていうのが載《の》ったりするぐらいになれば、もうちょっと信じてもいいかなあとは思うが……。

質問者C　それは逆ではありませんか？

立花隆　ええ？

質問者C　あなたが認めたら、そういうふうになっていくわけですよ。

立花隆　今のところ、〝ヘアヌード系の新聞〟に載るぐらいしかないんだろう？　だから、私のほうが〝表〟だからさあ。ここのところがね、まだ積極的に弟子《でし》入りする気が起きないところなんだな。

質問者C　いや、あなたが認めて、そういうふうになっていけば、それはあなたの功徳になりますよ。

立花隆　うーん。

質問者A　少なくとも、この本（『本当に心は脳の作用か？』）が出されたときに、あなたが、生前に「反論しなかった」というところにおいては……。

立花隆　いやあ、こういう考えがあるのは知っているよ。

質問者A　普通は、そこで……。

立花隆　「ある」のは知っている。

質問者A　名誉毀損《めいよきそん》だとか……。

立花隆　「ある」のは知っている。

質問者A　文句《もんく》を言ってくる場合も、ゼロではないんでしょうけれども、それを沈黙《ちんもく》で通されたということは……。

立花隆　「ある」のは知っているよ。

質問者A　何か心に穿《うが》つものがあったと。

立花隆　いやあ、(霊的な考え方の資料は)いっぱい持っているから。こういうものをいっぱい持っているからさあ、大川が言っている全部が嘘《うそ》ではないっていうか、根《こん》拠《きょ》があるのは知っている、ある程度ね。

だけど、まあ、「どれを採用するか」っていうところが問題だからね、論の組み立て。

これを認めたら日本は国難になる?

質問者Ａ　最後になりますが、立花先生の限界としては、「知の結晶《けっしょう》化」「結論を選ぶ」、これが、今、最も足りないところだと思われます。その直感的、ひらめき的なところで……。

立花隆　それは「頭が悪い」って言っているのか?

質問者Ａ　いや、そういうことではないんですけれども、大川隆法総裁先生が、冒頭《ぼうとう》に、「残念ながら現代の宗教学者や仏教学者にも、エポケー（判断中止）を前提に学問をやっている者が多い」というふうにおっしゃっていました。

そこを乗り越《こ》えるためには、「信ずる」というところもないと、次の「結論」に行けないのかなと思われます。

立花隆　だから、それを信じるためには、〝キリスト教の嘘〟を全部暴《あば》かないと。あれで、「信じれば救われる」って言うけど、救われていない。

質問者B　それについては、これから幸福の科学でやっていきますので、お任せいただいて。まずは、「ご自身の救済」という観点で……。

脅《おど》すつもりはありませんけれども、本当に、この決断で真っ二つに未来が分かれます。

立花隆　「（死後）二カ月近くたっている」ってかあ。

質問者B　ええ。けっこう、けっこうきついですよ。

立花隆　確かに何も食べていないね。飲み食いしていないから。

質問者A　飲み食いしていないのに、なぜ生きておられるのですか。

立花隆　おかしいな。それはおかしいとは思う。おかしいと思うが、例えば、「ロボットは夢を見るのか」っていうようなことを考えてみると、いやあ、そういうこともありえるかもしらん、未来にはなあ。そういうサイボーグやロボットだって夢を見るかもしれないから、そういう状態であるなら、ちょっと分からないがな。

質問者C　あなたはロボットではないですよね。

立花隆　いや、人間はロボットみたいなもんだよ。だって、DNAでコピーできるんだから。「魂《たましい》の正体はDNAだ」と言っている、ドーキンスみたいなの、いるからねえ。

質問者C　では、今しゃべっているあなたは何なのですか。

立花隆　分からん。少なくとも、大川隆法の脳の一部と言語中枢《ちゅうすう》がつながって言葉になっていることだけは分かる。ただ、私が何者かは分からない。

質問者Ａ　「無知の知」と最初にご自身でおっしゃっておられましたけれども、この「無知の知」という言葉を、もう一回、魂に刻《きざ》んで……。

質問者Ｃ　「汝《なんじ》自身を知れ」ということですね。

質問者Ａ　そういうことですね。それを求めたらいかがですか。

立花隆　ただ、多数決を採ったら、私みたいなほうが圧倒《あっとう》的に多いから。

質問者Ａ　そうですよ。今、多いですよ。

立花隆　もし君たちが言うのが正しければ、この世、日本は「国難」だし、世界も、今、非常な「災難」のなかにあることになるよ、認めたら。

質問者B　ええ、まあ、そういう時代になっていくと思いますけれども。私も、これをもう最後の発言にしたいと思います。

今、「多数決」とおっしゃいましたけれども、立花隆さんのなかでの、ご自身の心のなかでの多数決は、今、「六対四」まで来ていますので、この可能性は、ぜひ、よく探究していただければと思います。

立花隆　いや、「何か」はあるのは確か。「何か」はどうもあるような……。ただ、その「何か」が何なのかが説明ができない。

質問者A　今回のこのディスカッションを、一つの問題意識、課題として残して、あと、どういうふうな運命になるか分かりませんけれども、その間、ご自身の持っている特性の、知的探究心旺盛《おうせい》なところを使って、先ほどCさんがおっしゃったように、「自分自身を探究する」と。

立花隆　「これが魂だと言えるのかどうか」っていうのは分からないのよ。これについては分からないからさ。

質問者C　私も最後に一言《ひとこと》。「知的探究の姿勢」ということを、ずっと申し上げてきたんですけれども、その探究をするに当たって、「真理の探究の〝純粋《じゅんすい》さ〟、そういうものがあったかどうか。〝正直さ〟、そういうものがあったかどうか。そういうところに戻《もど》って、もう一回、目の前の真実を見直してみる。これまで集めてきた事実を見直してみる」、そういうことを勧《すす》めさせていただきたいと思います。

立花隆氏は、最後の説得にどう答えるか

質問者A　はい。だいたい、お時間になりました。

立花隆　「東京大学大学院情報学環《がっかん》特任教授」なんて、こんなのにもなっているんだからさ。

質問者B　そんなの、別に大したことはないですよ。

立花隆　ああ、そうか。そう言われたら、それまでだが。

質問者A　たくさんいらっしゃいますからね、大学の教授の方々は。

立花隆　まあ、田舎《いなか》の人から見れば、怯《おび》えないといけないぐらいなんだけどな。チッ（舌打ち）。クソッ！

質問者A　いい時間になってきましたので。

立花隆　ああ。もう、しょうがない。

いや、私が言うのはたいへん面映《おもは》ゆいけれども、〝この男〟は、そんな、二時間ぐらいで成仏《じょうぶつ》させるのは無理だよ。

質問者A　（苦笑）

立花隆　君、もっと頑張《がんば》らないといけない、これは。駄目《だめ》だわ。二週間ぐらい説得しないと、絶対、無理だわ。

質問者A　二週間……（苦笑）。そんな……。

立花隆　まあ、ちょっと時間をくれや。

質問者A　はい。確かに。

立花隆　とにかく、とにかく、「君たちの言い分も多少あるらしい」というか、まあ、「六・四」ぐらいで……。

質問者A　ああ、「六・四」。

立花隆　「その可能性はある」と。

質問者Ａ　いやいやいや、だいぶ〝来ました〟！

立花隆　今日の段階では言えるけど。

質問者Ａ　いや、だいぶ来て、最初の発言からずいぶん変わってこられたと思いますよ。

三日前の夢、これはもう奇跡《きせき》ですから、こういうことが起きたのは。「事前には全然知らない情報なのに、大川隆法総裁先生が、六大神通力《じんつうりき》以上の力を使って、それを先行して察知され、そして、今、『引導を渡《わた》す』、そういった道をつくってくれた」ということですね。

立花隆　もし、地獄なるもの、あなたが言うような、そんなものがあるんだったら、そのときは助けてね。ロープでいいから。

質問者Ａ　それは「御心《みこころ》しだい」ということです。

立花隆　縄梯子《なわばしご》か何かでいいから。そのときは。まだ暗闇なので、分からない。

質問者B　そのときは、一言、「主エル・カンターレよ」と言っていただければ。

立花隆　それは言えんわ。そんな、主……。

質問者B　そうしたら、「仏陀よ」で。

立花隆　うーん。わしより十五も年下の人に、そんな、主、主エル・カンタ……。

質問者B　いやいや、そうしたら、「仏陀よ」と。

立花隆　あっ、「仏陀よ」ねえ……。

質問者B　「仏陀よ」と。ええ。

立花隆　仏陀は〝縄文式《じょうもんしき》時代の人間〟だからねえ。

質問者B　いえいえ。

質問者A　だから、どうして……。いや、せっかくいいところなのに、最後にどうして、そうなるんですか。〝いいところまで来た〟のに、今。

質問者B　そうしたら、ぜひ「現代の仏陀よ」と言ってください。

質問者A　ということで、時間もなくなってきました。

立花隆　いやあ、いや、君もどうせ〝同じ世界〟に行くからさあ。

質問者A　いやいや、そんな〝呪い〟の言葉をかけないでください。

立花隆　ああ、これ、これ、（質問者Ａの時計を見て）時計、〝真っ黒〟だから、暗闇、漆黒《しっこく》じゃないか。

質問者Ａ　（苦笑）

立花隆　それは君が行く世界を意味しているんだよ。

質問者Ａ　はい。それでは時間となりました。

立花隆　うん、うん。じゃあ。

大川隆法　（手を三回叩《たた》く）

質問者Ａ　はい。ありがとうございました。

11　立花隆氏の霊言《れいげん》を終えて

大川隆法　まあ、「そうであろう」と思うような結果になりました。そんなに簡単に説得されるような方ではなかろうけれども、ある意味で〝立花隆氏らしい〟というか、こうでなければいけないでしょう。すぐに「はい、すみませんでした」と言うような人であるわけがないでしょうね。

ある意味で、「現代の神になろう。生き神様《いがみ》になろう」としたのだろうけれども、まあ、「知の巨人《きょじん》」あたりが「神の代わり」というかたちに、マスコミが今なっているのだと思います。このマスコミの価値観も崩壊《ほうかい》させなければいけないのです。「政治」のほうにも悪いものはあるけれども、「マスコミ」のほうにもあるし、「教育」にもあるし、「学問」にもあるし、「戦いは続く」ということですね。

頑張《がんば》りましょう。

質問者A　はい。

大川隆法　長生きしないと駄目《だめ》ですね。年上の人はなかなか帰依《きえ》しないから、これは頑張らないと駄目です。百歳《さい》まででも頑張らないと。

では、ありがとうございました。

質問者一同　ありがとうございました。

あとがき

人間がこの世に生命《いのち》を持つ意味を明らかにし、どこから来て、どこに去ってゆくのかを正《ただ》しく答えることこそ、真なる宗教の使命であろう。

活字や映像が街《まち》にあふれ、ネット空間に雑情報が飛びかう今だからこそ、情報のガラクタの山を捨て、単純にして普遍《ふへん》の真理を伝え続けなければなるまい。

心を開き、真理のみを受け容《い》れよ。

嫉妬心の集合を「正義」と考える、偽《にせ》の神を信じてはならない。

思想・信条において間違った生き方をし、多くの人々に精神的毒を垂《た》れ流した人々は、殺人犯以上の重い罪人《ざいにん》として、「無間地獄《むけんじごく》」という地獄の最深部で、コールタールのような闇の中で孤独に生きていくしかない。社会的危険犯として、他の人々に影響を与えられないよう隔離《かくり》されるのだ。釈尊やイエスを古代人《こだいじん》だと決して思ってはならない。

二〇二一年　六月二十五日

幸福《こうふく》の科学《かがく》グループ創始者兼総裁《そうししゃけんそうさい》　大川隆法《おおかわりゅうほう》

『「知の巨人」のその後――世界は虚無だったか――』関連書籍

『本当に心は脳の作用か？――立花隆の「臨死体験」と「死後の世界観」を探る――』
（大川隆法 著　幸福の科学出版刊）

『地獄に堕ちた場合の心得』（同右）

『仏教学から観た「幸福の科学」分析――東大名誉教授・中村元と
仏教学者・渡辺照宏のパースペクティブ（視角）から――』（同右）

『夢判断』（同右）

『渡部昇一　死後の生活を語る』（同右）

「知《ち》の巨人《きょじん》」のその後《ご》
── 世界《せかい》は虚無《きょむ》だったか ──

2021年7月2日　初版第1刷

著　者　　大《おお》 川《かわ》 隆《りゅう》 法《ほう》

発行所　　幸福の科学出版株式会社
〒107-0052 東京都港区赤坂2丁目10番8号
TEL(03)5573-7700
https://www.irhpress.co.jp/

印刷・製本　株式会社 研文社

落丁・乱丁本はおとりかえいたします

ISBN978-4-8233-0279-4 C0014
カバー Doitforfun / Shutterstock.com
装丁・イラスト・写真（上記・パブリックドメインを除く）© 幸福の科学

大川隆法ベストセラーズ・言論・報道のあり方を問う

本当に心は脳の作用か？

立花隆の「臨死体験」と「死後の世界観」を探る

「脳死」や「臨死体験」を研究し続けてきた立花隆氏の守護霊に本音をインタビュー！ 現代の知識人が陥りやすい問題点が明らかに。

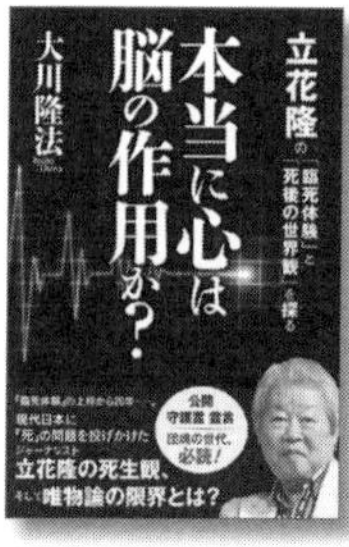

1,540 円

地獄に堕ちた場合の心得

「あの世」に還る前に知っておくべき智慧

身近に潜む、地獄へ通じる考え方とは？ 地獄に堕ちないため、また、万一、地獄に堕ちたときの「救いの命綱」となる一冊。〈付録〉中村元・渡辺照宏の霊言

1,650 円

「文春」の報道倫理を問う

ずさんな取材体制、倫理観なき編集方針、女性蔑視体質など、文藝春秋の悪質な実態に迫った守護霊インタビュー。その正義なきジャーナリズムを斬る！

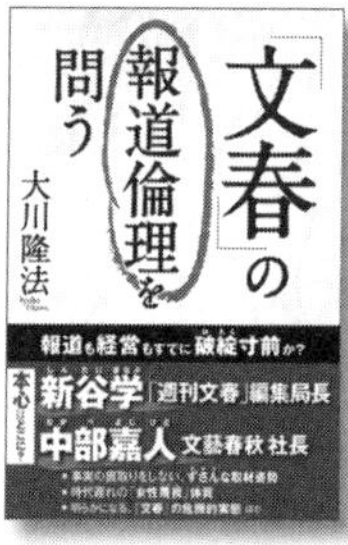

1,540 円

「WiLL」花田編集長守護霊による「守護霊とは何か」講義

霊言がわからない――。誰もが知りたい疑問にジャーナリストの守護霊が答える！ 宗教に対する疑問から本人の過去世までを、赤裸々に語る。

1,540 円

※表示価格は税込10%です。

大川隆法霊言シリーズ・評論家・言論人の死後に迫る

渡部昇一「天国での知的生活」と「自助論」を語る

未来を拓く鍵は「自助論」にあり──。霊界での知的生活の様子や、地上のコロナ禍に対する処方箋など、さまざまな問題に"霊界評論家"渡部昇一が答える。

1,540円

渡部昇一 死後の生活を語る

霊になって半年の衝撃レポート

渡部昇一氏の霊が語るリアルな霊界の様子。地上と異なる「時間」「空間」、そして「価値観」──。あの世を信じたほうが、人は幸せになれる！

1,540円

渡部昇一 日本への申し送り事項

死後21時間、復活のメッセージ

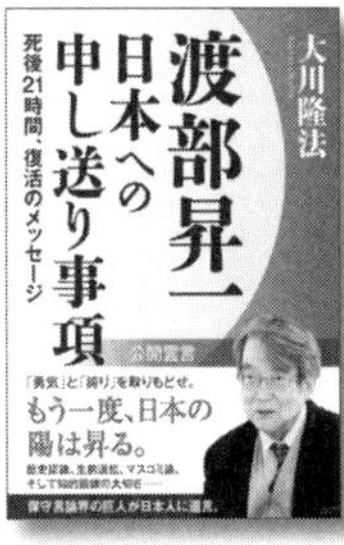

「知的生活」の伝道師として、また「日本の誇りを取り戻せ」運動の旗手として活躍してきた「保守言論界の巨人」が、日本人に託した遺言。

1,540円

長谷川慶太郎の未来展望

コロナ禍の世界をどう見るか

帰天後も"霊界国際エコノミスト"として活躍する長谷川慶太郎の霊言第2弾。コロナ禍で混沌化する世界の未来を、宗教的・霊的な視点を加えて大胆予測！

1,540円

大川隆法霊言シリーズ・**唯物論・全体主義の闇を打ち砕く**

習近平思考の今

米大統領選でのバイデン氏当選後、習近平主席の考え方はどう変化したのか？中国の覇権拡大の裏にある「闇の宇宙存在」と世界侵略のシナリオが明らかに。

1,540円

北朝鮮から見た国際情勢

金正恩の守護霊霊言

バイデン政権誕生に国家存亡の危機を感じている金正恩氏守護霊が、中国の脅威と日本への期待を語る。また、ロシアを指導する宇宙人との通信を特別収録。

1,540円

ミャンマーに平和は来るか

アウン・サン・スー・チー守護霊、
ミン・アウン・フライン将軍守護霊、
釈尊の霊言

軍事クーデターは、中国によるアジア支配の序章にすぎない―。関係者たちへの守護霊インタビューと釈尊の霊言により、対立の本質と解決への道筋を探る。

1,540円

ゾロアスター 宇宙の闇の神とどう戦うか

全体主義国家・中国の背後に働く「闇の力」とは？ かつて宇宙の闇の神と戦ったゾロアスターが、その正体と企みを明らかにした人類への警世の書。

1,540円

※表示価格は税込10%です。

大川隆法ベストセラーズ・霊的世界の真実

永遠の法

エル・カンターレの世界観

すべての人が死後に旅立つ、あの世の世界。天国と地獄をはじめ、その様子を明確に解き明かした、霊界ガイドブックの決定版。

2,200円

夢判断

悪夢や恐怖体験の真相を探る

幽霊との遭遇、過去世の記憶、金縛り、そして、予知夢が示すコロナ禍の近未来――。7人の実体験をスピリチュアルな視点から徹底解明した「霊的世界入門」。

1,650円

あなたの知らない地獄の話。

天国に還るために今からできること

無頼漢、土中、擂鉢《すりばち》、畜生、焦熱、阿修羅、色情、餓鬼、悪魔界――、現代社会に合わせて変化している地獄の最新事情とその脱出法を解説した必読の一書。

1,650円

霊的世界のほんとうの話。

スピリチュアル幸福生活

36問のQ&A形式で、目に見えない霊界の世界、守護霊、仏や神の存在などの秘密を解き明かすスピリチュアル・ガイドブック。

1,540円

幸福の科学グループのご案内

宗教、教育、政治、出版などの活動を通じて、地球的ユートピアの実現を目指しています。

幸福の科学

一九八六年に立宗。信仰の対象は、地球系霊団の最高大霊、主エル・カンターレ。世界百六十カ国以上の国々に信者を持ち、全人類救済という尊い使命のもと、信者は、「愛」と「悟り」と「ユートピア建設」の教えの実践、伝道に励んでいます。

（二〇二一年六月現在）

愛

幸福の科学の「愛」とは、与える愛です。これは、仏教の慈悲《じひ》や布施《ふせ》の精神と同じことです。信者は、仏法真理をお伝えすることを通して、多くの方に幸福な人生を送っていただくための活動に励んでいます。

悟り

「悟り」とは、自らが仏の子であることを知るということです。教学《きょうがく》や精神統一によって心を磨き、智慧《ちえ》を得て悩みを解決すると共に、天使・菩薩《ぼさつ》の境地を目指し、より多くの人を救える力を身につけていきます。

ユートピア建設

私たち人間は、地上に理想世界を建設するという尊い使命を持って生まれてきています。社会の悪を押しとどめ、善を推し進めるために、信者はさまざまな活動に積極的に参加しています。

国内外の世界で貧困や災害、心の病で苦しんでいる人々に対しては、現地メンバーや支援団体と連携して、物心両面にわたり、あらゆる手段で手を差し伸べています。

年間約２万人の自殺者を減らすため、全国各地で街頭キャンペーンを展開しています。

公式サイト **www.withyou-hs.net**

自殺防止相談窓口

受付時間　火〜土:10〜18時（祝日を含む）

TEL **03-5573-7707** メール **withyou-hs@happy-science.org**

ヘレン・ケラーを理想として活動する、ハンディキャップを持つ方とボランティアの会です。視聴覚障害者、肢体不自由な方々に仏法真理を学んでいただくための、さまざまなサポートをしています。

公式サイト **www.helen-hs.net**

入会のご案内

幸福の科学では、大川隆法総裁が説く仏法真理《ぶっぽうしんり》をもとに、「どうすれば幸福になれるのか、また、他の人を幸福にできるのか」を学び、実践しています。

入会

仏法真理を学んでみたい方へ

大川隆法総裁の教えを信じ、学ぼうとする方なら、どなたでも入会できます。入会された方には、『入会版「正心法語《しょうしんほうご》」』が授与されます。

ネット入会 入会ご希望の方はネットからも入会できます。
happy-science.jp/joinus

三帰《さんき》誓願《せいがん》

信仰をさらに深めたい方へ

仏弟子としてさらに信仰を深めたい方は、仏《ぶっ》・法《ぽう》・僧《そう》の三宝《さんぽう》への帰依を誓う「三帰誓願式」を受けることができます。三帰誓願者には、『仏説・正心法語』『祈願文《きがんもん》①』『祈願文②』『エル・カンターレへの祈り』が授与されます。

幸福の科学 サービスセンター
TEL 03-5793-1727（受付時間／火〜金:10〜20時　土・日祝:10〜18時（月曜を除く））

幸福の科学 公式サイト
happy-science.jp

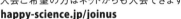

ハッピー・サイエンス・ユニバーシティ
Happy Science University

ハッピー・サイエンス・ユニバーシティとは

ハッピー・サイエンス・ユニバーシティ（HSU）は、大川隆法総裁が設立された「現代の松下村塾」であり、「日本発の本格私学」です。
建学の精神として「幸福の探究と新文明の創造」を掲げ、
チャレンジ精神にあふれ、新時代を切り拓く人材の輩出を目指します。

人間幸福学部　経営成功学部　未来産業学部

HSU長生キャンパス TEL **0475-32-7770**
〒299-4325　千葉県長生郡長生村一松丙 4427-1

未来創造学部

HSU未来創造・東京キャンパス
TEL **03-3699-7707**
〒136-0076　東京都江東区南砂2-6-5　公式サイト **happy-science.university**

学校法人 幸福の科学学園

学校法人 幸福の科学学園は、幸福の科学の教育理念のもとにつくられた教育機関です。人間にとって最も大切な宗教教育の導入を通じて精神性を高めながら、ユートピア建設に貢献する人材輩出を目指しています。

幸福の科学学園

中学校・高等学校（那須本校）
2010年4月開校・栃木県那須郡（男女共学・全寮制）
TEL **0287-75-7777** 公式サイト **happy-science.ac.jp**

関西中学校・高等学校（関西校）
2013年4月開校・滋賀県大津市（男女共学・寮及び通学）
TEL **077-573-7774** 公式サイト **kansai.happy-science.ac.jp**

仏法真理塾「サクセスNo.1」

全国に本校・拠点・支部校を展開する、幸福の科学による信仰教育の機関です。小学生・中学生・高校生を対象に、信仰教育・徳育にウエイトを置きつつ、将来、社会人として活躍するための学力養成にも力を注いでいます。

TEL 03-5750-0751（東京本校）

エンゼルプランV

東京本校を中心に、全国に支部教室を展開。信仰をもとに幼児の心を豊かに育む情操教育を行い、子どもの個性を伸ばして天使に育てます。

TEL 03-5750-0757（東京本校）

エンゼル精舎

乳幼児が対象の、託児型の宗教教育施設。エル・カンターレ信仰をもとに、「皆、光の子だと信じられる子」を育みます。
（※参拝施設ではありません）

不登校児支援スクール「ネバー・マインド」

TEL 03-5750-1741

心の面からのアプローチを重視して、不登校の子供たちを支援しています。

ユー・アー・エンゼル！（あなたは天使！）運動

障害児の不安や悩みに取り組み、ご両親を励まし、勇気づける、障害児支援のボランティア運動を展開しています。

一般社団法人 ユー・アー・エンゼル
TEL 03-6426-7797

NPO活動支援

学校からのいじめ追放を目指し、さまざまな社会提言をしています。また、各地でのシンポジウムや学校への啓発ポスター掲示等に取り組む一般財団法人「いじめから子供を守ろうネットワーク」を支援しています。

公式サイト mamoro.org　ブログ blog.mamoro.org
相談窓口 TEL.03-5544-8989

百歳まで生きる会

「百歳まで生きる会」は、生涯現役人生を掲げ、友達づくり、生きがいづくりをめざしている幸福の科学のシニア信者の集まりです。

シニア・プラン21

生涯反省で人生を再生・新生し、希望に満ちた生涯現役人生を生きる仏法真理道場です。定期的に開催される研修には、年齢を問わず、多くの方が参加しています。
全世界212カ所（国内197カ所、海外15カ所）で開校中。

【東京校】 TEL 03-6384-0778　FAX 03-6384-0779
メール senior-plan@kofuku-no-kagaku.or.jp

幸福実現党

幸福実現党 釈量子サイト shaku-ryoko.net
Twitter 釈量子@shakuryokoで検索

内憂外患《ないゆうがいかん》の国難に立ち向かうべく、2009年5月に幸福実現党を立党しました。創立者である大川隆法党総裁の精神的指導のもと、宗教だけでは解決できない問題に取り組み、幸福を具体化するための力になっています。

党の機関紙
「幸福実現党NEWS」

幸福実現党 党員募集中

あなたも幸福を実現する政治に参画しませんか。

○幸福実現党の理念と綱領、政策に賛同する18歳以上の方なら、どなたでも参加いただけます。

○党費:正党員(年額5千円[学生 年額2千円])、特別党員(年額10万円以上)、家族党員(年額2千円)

○党員資格は党費を入金された日から1年間です。

○正党員、特別党員の皆様には機関紙「幸福実現党NEWS(党員版)」(不定期発行)が送付されます。

＊申込書は、下記、幸福実現党公式サイトでダウンロードできます。
住所:〒107-0052 東京都港区赤坂2-10-8 6階 幸福実現党本部
TEL 03-6441-0754 FAX 03-6441-0764
公式サイト hr-party.jp

幸福の科学出版

大川隆法総裁の仏法真理の書を中心に、ビジネス、自己啓発、小説など、さまざまなジャンルの書籍・雑誌を出版しています。他にも、映画事業、文学・学術発展のための振興事業、テレビ・ラジオ番組の提供など、幸福の科学文化を広げる事業を行っています。

アー・ユー・ハッピー？
are-you-happy.com

ザ・リバティ
the-liberty.com

幸福の科学出版
TEL **03-5573-7700**
公式サイト **irhpress.co.jp**

THE FACT
ザ・ファクト
マスコミが報道しない「事実」を世界に伝えるネット・オピニオン番組

ザ・ファクト　検索

NEW STAR PRODUCTION

ニュースター・プロダクション

「新時代の美」を創造する芸能プロダクションです。多くの方々に良き感化を与えられるような魅力あふれるタレントを世に送り出すべく、日々、活動しています。 公式サイト **newstarpro.co.jp**

ARI Production

ARI《アリ》 Production《プロダクション》

タレント一人ひとりの個性や魅力を引き出し、「新時代を創造するエンターテインメント」をコンセプトに、世の中に精神的価値のある作品を提供していく芸能プロダクションです。 公式サイト **aripro.co.jp**

大川隆法　講演会のご案内

大川隆法総裁の講演会が全国各地で開催されています。講演のなかでは、毎回、「世界教師」としての立場から、幸福な人生を生きるための心の教えをはじめ、世界各地で起きている宗教対立、紛争、国際政治や経済といった時事問題に対する指針など、日本と世界がさらなる繁栄の未来を実現するための道筋が示されています。

2020 年 12 月8 日 さいたまスーパーアリーナ
「"With Savior"(ウィズ・セイビア)—救世主と共に—」

2019年10月6日 ザ ウェスティン ハーバー キャッスル トロント(カナダ)
「The Reason We Are Here」

2019 年 12 月 17 日 さいたまスーパーアリーナ
「新しき繁栄の時代へ」

2019 年3月3日 グランド ハイアット 台北(台湾)
「愛は憎しみを超えて」

2019年7月5日 福岡国際センター
「人生に自信を持て」

講演会には、どなたでもご参加いただけます。
最新の講演会の開催情報はこちらへ。 ⟹ 大川隆法総裁公式サイト https://ryuho-okawa.org